两种文化十日谈

江晓原 刘兵 著

◎ 山东科学技术出版社

·济南·

图书在版编目（CIP）数据

两种文化十日谈 / 江晓原，刘兵著. —— 济南：山东科学技术出版社，2023.12
ISBN 978-7-5723-1787-3

Ⅰ. ①两… Ⅱ. ①江… ②刘… Ⅲ. ①人文科学 - 研究 Ⅳ. ① C

中国国家版本馆 CIP 数据核字（2023）第 165540 号

两种文化十日谈
LIANGZHONG WENHUA SHI RI TAN

总 策 划：白玉刚
项目指导：张志华
出 版 人：赵 猛
责任编辑：陈 昕 张 琳 庞 婕

主管单位：山东出版传媒股份有限公司
出 版 者：山东科学技术出版社
　　　　　地址：济南市市中区舜耕路 517 号
　　　　　邮编：250003　电话：（0531）82098088
　　　　　网址：www.lkj.com.cn
　　　　　电子邮件：sdkj@sdcbcm.com
发 行 者：山东科学技术出版社
　　　　　地址：济南市市中区舜耕路 517 号
　　　　　邮编：250003　电话：（0531）82098067
印 刷 者：济南新先锋彩印有限公司
　　　　　地址：济南市工业北路 188-6 号
　　　　　邮编：250100　电话：（0531）88615699

规格：32 开（130 mm × 185 mm）
印张：9.75　字数：150 千
版次：2023 年 12 月第 1 版　印次：2023 年 12 月第 1 次印刷
定价：69.00 元

序 一

2023年6月2日，习近平总书记在文化传承发展座谈会上发表重要讲话，站在中华民族伟大复兴和中华文明永续传承的战略高度，提出一系列新思想、新观点、新论断，为建设中华民族现代文明和社会主义文化强国提供了行动指南，为担负新的文化使命指明了前进方向。习近平总书记强调，在新的历史起点上继续推动文化繁荣、建设文化强国、建设中华民族现代文明，要坚定文化自信，坚持走自己的路，立足中华民族伟大历史实践和当代实践，用中国道理总结好中国经验，把中国经验提升为中国理论，实现精神上的独立自主。

在这一重要时代背景下，《两种文化十日谈》的出版便有了独特意义。今天的文化积累已让人类拥有可以超越自身生物属性的力量，以科学探究人类学文明的新阶段已经到来。而各种文化的贯通融合，更关乎国家的发展和人类未来。江晓原教授和刘兵教授均为我国科学史方面的著名学者，对科学文化有着极深的造诣和丰富的理解。

两位学者通过点评科学代表著作,将科学与人文之间的主要矛盾,以及科学立场与新兴的人文立场之间的张力转变做了深入探讨。这种对谈的方式,可以让读者更直观地感受到作者的思想碰撞,让读者通过作者之间或委婉或激烈的精彩辩论来理解科学、理解文化。

通过本书,我们可以看到中国科学家对西方文明中两种文化的分裂和对立进行的深入探讨和总结,对中华文明中科学思想与人文思想的有机联系进行的讨论与分析,还能以中国科学家的视角看待科学与人文的分裂和统一。这无疑是一种极巧妙的编织方式,两位学者将科学与人类学、物理学、医学等不同领域的人文关怀编织到了一起,完成了这部精深广博又妙趣横生的作品。

是为序。

尹传红

科普时报社社长
中国科普作家协会副理事长
2023年9月

序 二

西方工业革命之后,科学家与人文学家、科学文化与人文文化的关系,从互不相通逐渐发展为冲突撕裂。但科学与人文作为人类思想的两个维度,二者的均衡发展是社会进步的重要保证,因此,科学与人文两种文化的融合,是当今世界亟待解决的重大理论问题和现实问题。

中华优秀传统文化中,科学与人文的沟通与对话是中华文明的独特之处。党的二十大报告指出,"加快构建中国特色哲学社会科学学科体系、学术体系、话语体系""发展面向现代化、面向世界、面向未来的,民族的科学的大众的社会主义文化,激发全民族文化创新创造活力,增强实现中华民族伟大复兴的精神力量"。要建设民主、富强、可持续发展的中国,科学与人文必须相互借鉴,取长补短,构建一种具有时代特色、民族的也是世界的新文化。

《两种文化十日谈》正是在此背景下产生的,作者江晓原教授和刘兵教授是我国科学技术史、科学哲学、科学文化研究领域的知名学者。本书以两位学者对话的形式,以评论科学著作为切入点,阐述科学和人文的分离和融合,对未来两种文化将何去何从做了深入探讨。重点讲述了中华传统文化中科学与人文的对话,以及今日中国在科学与人文方面的现状,并针对科学和人文所融合而成的一种新文化进行了深入剖析。

  本书通过中国科学家思想的碰撞,呈现出深厚且富有层次的学术面貌,有着科学文化史研究的重要意义,对弘扬中华文明的连续性、创新性、统一性、包容性、和平性,"在新的历史起点上继续推动文化繁荣、建设文化强国、建设中华民族现代文明",具有重大的理论意义和迫切的现实意义。

北京大学哲学系教授
2023 年 9 月

目录

◆ 第一日

中华传统文化中科学与人文的对话 / 1

百兰社团：一部红色技术史 / 2

讲好中国制造的故事 / 10

工匠·技术·两种文化：讲好中国故事
　的一些新尝试 / 20

两种文化与中国古代文化的关系 / 30

◆ 第二日

两种文化何去何从 / 39

两种文化何去何从 / 40

两种文化在不同时代有不同内涵 / 44

关于"科学大战"：有话好好说 / 47

科学时代的一丝人文主义 / 53

我们需要更多的科学文化 / 59

◆ **第三日**

今日中国之"第三种文化" / 65

今日中国之"第三种文化" / 66

图之为用大矣哉 / 75

一位德国学者眼中的中国技术文化史 / 85

透视希腊、中国的科学与文化 / 94

科学圣徒和他对于中国的学术意义 / 100

◆ **第四日**

看科学家如何看待科学 / 109

看科学家如何看待科学 / 110

多元并存才对科学与人文交流真正
有益 / 116

今天到底应该怎样看待科学 / 122

迷途的科学和它的哲学保姆 / 128

◆ 第五日

关于科学的文化多元性 / 135

关于科学的文化多元性 / 136

后现代与科学：说不尽的故事 / 140

科学的反革命：半个多世纪前的

先见之明 / 146

一碗来自剑桥的科学"宽面条" / 153

◆ 第六日

什么是"公众理解科学" / 161

什么是"公众理解科学" / 162

公众到底怎样理解科学 / 168

科学文化与流行文化 / 174

围观一场"为什么相信科学"的

讨论 / 180

信任科学还是信任技术 / 185

◆ 第七日
医学的温度来自不忘初心 / 189

医学的温度来自不忘初心 / 190

弥合科学与人文学科间的裂隙 / 199

避免强科学主义 / 204

布尔迪厄：哲学家的科学观 / 208

◆ 第八日
亲近经典，懂不懂都有收获 / 213

关于霍金《站在巨人的肩上》/ 214

再走近一次爱因斯坦吧 / 220

作为社会活动家的爱因斯坦 / 226

物理学家的人文情怀 / 234

◆ 第九日

人类和科学：谁控制谁 / 241

人类和科学：谁控制谁 / 242

文化正在向技术投降 / 248

法律缺位状态下的人工智能狂飙突进 / 254

咋越学越对科学不放心呢 / 259

◆ 第十日

决定未来的，是科学还是人文 / 265

决定未来的，是科学还是人文 / 266

如何"在下一个百年里避免自毁
行为" / 271

人性来自基因还是来自文化 / 275

必须重新思考技术和技术史 / 279

《病毒》：一个出人意表的故事 / 288

第一日

中华传统文化中科学与人文的对话

百年社团：一部红色技术史

江晓原：这是一本红色的书——它的封面用了大红底色，彰显了主旋律读物标准的颜色特征。令我稍感意外的是，在卷首看到了你写的序。而在我的印象中，你以前的兴趣好像还未曾涉及这一领域。

你在序中主要谈了两个问题，一个是科学史研究和主题出版的结合问题，另一个是有别于"科学精神"的"科学家精神"。我感觉这两个问题都是和此书有关，同时又是很有"想头"的问题。这两个问题又恰好和我近来的一些新想法有着相当奇特的理论关系，因此我怀着浓厚的兴趣想和你讨论这本书。

不过我想先说说此书让我注意到的另一个问题。此前对于中国科技社团的研究，已经出现过不少，特别是对某些著名社团——比如中国科学社、中国天文学会等——更是已经有不止一种学术专著问世。在这些研究给人们的印象中,中国的科技社团特别是早期的科技社团,似乎和中国共产党并没有什么特殊关系。人们关注更多的是这些社团以及它们的创始人与西方发达国家之间的学术联系。因此,此书的书名《中国共产党与科技社团的百年》就非常引人注目——至少对我而言是如此。这个书名毫无疑问强调了中国共产党和百年以来中国科技社团之间的特殊关系,而且从正文第二章开始,作者便围绕此书书名所示的主题展开了严肃叙事。

如果作者是认真的(对这一点我毫不怀疑),如果此书的论述能够成立,那就是一本主题极为新颖的书,可以说是一个创新。对这个问题你怎么看?你在序中没有涉及这个问题,所以在这里展开谈谈应该是合适的。

刘兵: 好吧,那就先从这个问题说起。通常,讲甲与乙的关系,大致有两种,一种是比较直接的,就像你所说的,此书从第二章就开始强调中国共产党和百年以来中国科技社团之间的特殊关系;另一种关系,则是人们可以通过逻辑建构出来的,比如许多科学史著作都要从远古讲起,从两河流域、古埃及、古希腊讲起,如果以严格的科学概念(16~17世纪诞生于欧洲的西方近代科学)为限制的话,那些非常久远的发展故事与后来意义上科学的关系,就是通过逻辑的建构而形成并具有了合法性的。这样的说法不知是否可以回答你的问题?

当然,说创新与否倒不是最重要的,我一直不喜欢将"创新"这个词作为万灵药来用。这里建构的中国共产党和百年以来中国科技社团之间的关系,是一种背景和后来发展的关系,但作者也没有说只有这一种关系,与科技社团有关系的内容可以有很多其他的,这里只不过是突出表明作者是以他自己所关心的问题和视角来看的。当然,书里讲到后面的部分时,这个问题也就不复存在了。

至于你说的关于科学史研究和主题出版的结合问题,以及有别于"科学精神"的"科学家精神"这两个有"想头"的问题,我倒真的挺有兴趣,想听听你有什么特别的想法。

江晓原:你的问题让我想起了我们两人共同的老朋友韩建民,他近年成了主题出版的理论权威,到处应邀作报告,阐述主题出版的各种相关问题。我和建民有着长期的合作,据我的观察,他对主题出版的主要贡献之一,就是将许多以前不被认为是主题出版的出版物,纳入了主题出版的范畴。事实上,他正是通过逻辑建构两者之间的关系,成功地拓展了主题出版的领域。

考虑到建民有非常"正统"的科学史学术背景——学物理出身,哲学硕士,又是我指导的科学技术史博士,所以建民本人和他多年来活跃的出版活动,就是科学技术史和主题出版关系的一个鲜活例证。

尽管此书的出版应该与韩建民没有直接关系,但我们又何尝不可以从韩建民的故事获得启发,来理解科学技术史与主题出版之间日益增长的关系呢?

至于你在序中谈到的"科学家精神",确实引起了我的兴趣。我一贯认为谈论"科学精神"是一种非常冒险的理论重负,所以总是绕道避之,敬而远之。事实上,我近年更感兴趣的是谈论"工匠精神",我感觉这比谈论大而化之的"科学精神"更重要、更迫切,也更让人踏实。现在看到你呈现了另一个路径——谈论"科学家精神",并且认为这和"科学精神"相比"是更为具体和明确的",这当然令人兴奋,我差点又想说是创新了。

稍微引申一下,"科学家精神"和"工匠精神"正好比翼双飞(出于美学上的对称考虑,可以置换为"工程师精神")。你在初步界定"科学家精神"时所说的"科学家们在从事科学研究时所体现出来的各种精神气质,以及相关的优良品质和追求",也完全可以用来初步界定"工程师精神",比如"工程师们在从事工程技术时所体现出来的各种精神气质,以及相关的优良品质和追求",不是也挺合适吗?

刘兵：你谈到韩建民,他近年来确实在出版界大力弘扬和拓展了主题出版,并策划了一些成功的出版物。主题出版现在很热,其内涵也一直在发展变化中。提起你指导韩建民读科学史博士,想来这段学习经历,的确对他的工作有着很深刻的影响。

至于"科学家精神",这可不是我的原创。实际上,"科学家精神"的提法,以及近来越来越被重视,这是源于官方的标准说法。而且,对于"科学家精神"的内涵,也有着官方的标准界定,这就是：（1）胸怀祖国、服务人民的爱国精神；（2）勇攀高峰、敢为人先的创新精神；（3）追求真理、严谨治学的求实精神；（4）淡泊名利、潜心研究的奉献精神；（5）集智攻关、团结协作的协同精神；（6）甘为人梯、奖掖后学的育人精神。

当然,尽管官方对科学家精神已有标准界定,但作为学者、研究者,还是可以对科学家精神给出自己的诠释的。而你又提出"工匠精神"或"工程师精神",这应该是对应狭义的科学定义并与科学家精神相联系,同时对应技术与工程的概念并将之与"工匠精神"或"工程师精神"相联系。这种更为细致的分类自然也有其好处,不过如果采用广义的科学概念(即将技术与工程都包括进去),那么笼统地采用"科学家精神"的说法也不是不可以。总之,这只是一个定义问题。

江晓原: 看来"科学家精神"确实比大而化之的"科学精神"更为具体。让我们回到这本书上来。在此书所论及的各种社团中,基础科学和实用技术都存在,前者如中国天文学会(1922年成立),后者如各种工程师学会。在此书第二章给出的"1914—1936年成立的主要科技社团"表中,这两种情形都有。不过我相信在当时,很多社团的发起者和活动成员未必会注意到两者的区别,尽管在实际活动中,这两者的区别有着非常明显的作用和后果。

关于"科学精神"和"科学家精神",以及"工匠精神"和"工程师精神",这四者的关系确实是一个尚待进一步厘清的问题。我的总体感觉是,"科学精神"和"工匠精神"都明显需要充实,而且这两种精神的论述,并不像我们通常想象的那么简单。你前面说"书里讲到后面的部分时,这个问题也就不复存在了",确实是一个准确而富有技巧的表达。自中华人民共和国成立之后,国内科技社团就在中国共产党的有力领导和管理之下了,而且早在延安时期,这样的领导和管理事实上就已经出现了。从这个意义上说,在此书涵盖的时间轴上的绝大部分区间,中国共产党和中国科技社团的关系就是事实存在的直接关系,并不需要再进行逻辑建构。

刘兵:你谈到"工匠精神"与"精益求精"的关系,其实意味着我们对于"工匠精神"的定义和理解。在你的启发下,我上网查了一下,发现"工匠精神"与"科学家精神"有所不同,似乎还没有一个标准化的对于"工匠精神"的定义。

> 也许对于究竟何为"工匠精神",以及究竟何为值得倡导和发扬的"工匠精神",还真是一个值得深入研究的问题。在这方面,借鉴技术哲学的一些研究成果还是非常有必要的。那么,随之而来的问题就是,历史上应用技术型社团与"工匠精神"的关系,也就有了某些不确定性。

此书的另一个关键词是科技社团。我们可以从科学史中得知，科技社团对于科学的发展有着重要影响，但科技社团与执政党的密切联系，应该是一种中国特色。如果要对这种中国特色深入发掘，恐怕需要在与国外情况的对比中才能更好地阐明。当然我们不可能要求作者在一本书中做到面面俱到，但这也许真是一个将来可能的研究方向。

江晓原：你的这个看法我非常赞同。说到这里，就难免要说几句此书的白璧微瑕——或者是我的吹毛求疵。

例如，在此书第269～274页，给出了截至2011年中国科学技术协会所属181个全国学会的一览表，这当然是很有用的，但既然是讨论"科技社团"，而且这个表中所列的学会包括了中国档案学会、中国工艺美术学会、中国流行色学会等，那就没有理由不考虑非中国科学技术协会所属的全国学会中，也有比上述学会更"科技"的学会，比如中华人民共和国民政部所属、成立于1994年的中国性学会——我碰巧是这个学会的发起人之一。这可能是作者收集材料时疏忽了，确实只是白璧微瑕，但此书如果有机会再版，可以针对上述问题进行修订补充，争取白璧无瑕不是更好吗？

刘兵：其实任何著作都会有一些可以改进的地方，你所举的例子当然也是合理的，但任何著作又都可以通过某种限制来使自己的讨论在逻辑上更严密。如果此书的书名中加上"中国科学技术协会旗下"的限制，恐怕就不存在你讲的这一微瑕了吧。

最后我再谈一下此书的另一个优点：由于作者工作便利的关系，书中选用了来自原始档案中的许多珍贵历史图片，许多图片是未曾公开发表的。无论是对于专业研究者还是公众来说，这些图片本身都具有重要的历史价值，这也是同类著作中所不多见的。

讲好中国制造的故事

江晓原：中国的丝绸、瓷器、茶叶等都曾畅销世界各国，这些可以被视为古代世界的"中国制造"。如今中国成为世界工厂，中国制造已经呈现出更大程度的席卷全球之势。我们一面享受着物美价廉的中国产品，一面赚取着数量惊人的外贸顺差，在这种情况下，"讲好中国制造的故事"就必然也必须提到议事日程上来了。

当年"英国制造""美国制造""德国制造""日本制造"……接踵占据着我们各行各业的显著位置时，他们都讲过大量虚虚实实的故事，这些故事有的还进入了科学技术史的历史叙事中。现在中国制造如日中天，我们当然不能也不屑讲虚假的故事，但这个曾经源远流长、沉沦谷底、艰难复兴、创造辉煌的故事，真要讲好，也不容易。

这本《中国制造：民族复兴的澎湃力量》是在新形势下讲述中国制造故事的一个成功尝试。首先是这本书的叙事颇有可取，不仅流畅明快，而且言简意赅。例如在叙述当时中国制造业如何沉沦谷底、一穷二白时，选择了1929年上海《生活周刊》一篇题为《十问未来之中国》的文章，其中有三问都和中国制造直接有关。虽然这位作者问的只是中国什么时候可以造出水笔、灯罩、枪炮、舰船等物，什么时候可以"参与寰宇诸强国之角逐"，但却清楚体现了当时中国制造业的落后，而且当读者环顾今日中国，看到那"十问"已全部以远超作者想象的方式实现了，自然会对中国制造史诗般的"逆袭"过程产生期待。

刘兵：作为一本主题出版读物，此书选择"中国制造"这个话题，从正面系统地总结了中国百年来的成就，确实是"在新形势下讲述中国制造故事的一个相当不错的尝试"。

不过，"中国制造"这个概念可以在此书设定的这种框架中展开讨论，也可以在其他不同的框架中进行讨论。例如，你专门提到了"物美价廉"，这显然与特定发展阶段国内人工等成本低的"优势"有密切关系，但也会在未来的发展中遇到挑战——未来，这种低人工成本我们能够保持到什么时候？到那时，我们更应该注意发挥的优势又是什么？

从历史的角度看，也是很有意思的。后来——这也是此书的主体部分——在各个领域中，中国制造确实有了近百年前难以想象的巨大发展。如今，人们再谈及"中国制造"，已经是在不同的语境和不同的意义上来理解这个概念了。但如果详细分析，我觉得，一个突出的、值得关心的问题是，"中国制造"这个概念中，"中国"这个限定词加上之后，究竟给一般性的"制造"赋予了什么特定的含义？或者说，让"中国制造"有别于"非中国制造"的突出特色究竟又是什么呢？

江晓原：看来某些关于"中国制造"的传统误解还在影响着你。例如，你上面所说的"低人工成本"，其实并不是"物美价廉"的必要条件。现在中国的人工成本也在持续升高，但能够让中国制造"物美价廉"有着更为重要的原因：一是技术创新导致成本直接下降，二是巨大的国内统一市场提供的规模优势所导致的成本下降——依托这一市场，"中国制造"就可以低价销售却仍有可观利润，从而得以在国际市场上击败对手，获得越来越大的市场份额。这一点也可以理解为"中国制造"的特色之一。

要说"中国制造"的特色，给我印象深刻的有这样两点。

一是在改革开放之前的30年间，中国做成了这样一件事情："建立了较为完整的制造业体系，具备了生产各类工业产品和消费产品的能力，并优先发展重工业，奠定了扎实的军工制造业基础。"要做成这件事情非常困难，白手起家建立完整的制造业体系，首先需要巨额资金，靠借债又难免受制于人，而中国自力更生，咬紧牙关用工农业剪刀差等方法解决了这一问题。其次是容易受到优先发展轻工业的诱惑（见效快、来钱快，但缺乏后劲），而中国成功抵制住了这样的诱惑，坚持了优先发展重工业的正确方向。

二是中国今天的制造业，已经没有别的国家能够学习、模仿、挑战了。首先，当年中国人民为了建立制造业体系，咬紧牙关所忍受的艰难困苦，几乎没有国家能够重复，因为这需要极其坚强的领导力和执行力。其次，也是更重要的，由于中国制造业的体量、质量、得天独厚的条件（比如巨大的国内统一市场的支撑），中国已经在越来越多的行业中占据了全球50%以上的份额（有些甚至已经达到90%），这种局面无疑将使未来的任何挑战者（如果还能够出现的话）都感到绝望。

刘兵：你的分析显然有你的思考和道理，但我认为先将概念尽量定义清楚，会让讨论避免不必要的分歧。

当人们使用"中国制造"这个概念时，确实在不同的语境下有不同的所指，比如你说某些关于"中国制造"的传统误解还在影响着我，那不也隐含着"传统误解"中某种理解的存在吗？当然，从你对中国制造之特点的总结中可以看出，你是有对"中国制造"的界定的，只不过，这种界定只靠说特色似乎还不够严格。因为在面对一个可以有多种理解的概念时，人们讲特色就可能仅涉及其中的某一种理解。

> **中国制造业应该说是"中国制造"的基础。在不同的历史阶段，中国制造业的发展和形态也各有不同，这也是一种探讨的思路。**

进而，如果类比科学史，那么，其"内史"与"外史"的关系又是怎样的？至少，其联系肯定要比科学的"内史"和"外史"要强得多。这样，国际、国内不同时期的不同环境，显然也带给"中国制造"以不同的特色。

你前面总结的特色，也自有你的逻辑思路。但除了那些毋庸置疑的成就外，相应的代价是什么？在新形势下，中国制造又面临着怎样的新挑战呢？

江晓原： 关于概念定义，你也不必过于执着。毕竟在非常多的场合，人们在没有给出特别定义的情况下使用概念，通常就意味着是在一般意义上使用这个概念。比如你在这次对谈中已经多次使用过"中国"这个概念，你也没有给出定义，我也不会要求你给出。那么同样的，对于"中国制造"这个概念来说，此书作者没有给出特别的定义，那就意味着是在通常的、一般的意义上使用这一概念，事实上这并没有什么问题。

至于中国成为世界工厂的代价问题，我们也应该重新认识。在西方盛行的过度环保的理念中，环境问题不仅被置于至高无上的地位，而且还经常被置于和发展对立的位置，仿佛追求发展就必然破坏环境。但实际上，许多关于工业导致环境破坏的展望，都只是出于推理和假想，或是因为法律及监管的缺位。而实际情况是，中国在成为世界工厂的过程中，环境并未出现万劫不复的恶化。相反，在因工业化而致富之后，对污染的治理就普遍跟上来了。今天在长三角地区，那些"富可敌国"的小城市，哪个不是绿水青山、风景怡人？上海的苏州河早已流水清清，可以岸边垂钓了。

中国制造面临的挑战，主要来自全球制造业版图中次第沦陷的西方旧日列强。因为对他们来说，和中国制造的斗争已成国运之战，所以即使游戏规则是他们自己制定的，现在也不惜自己破坏规则（美国表现得最为明显）。现在，中国已经成为"全球化"的最大护法，因为在"全球化"的环境中，中国制造可以稳步前进。所以总的来说，对于中国制造面临的挑战，我持相当乐观的看法。

刘兵：你刚刚说，有时，人们会将环保和发展置于对立的位置，极端地讲，这样当然不对，但环境问题毕竟还是和发展有一定的矛盾的。制造业的兴起和发展，与工业化进程密切相关，而环境问题的工业化根源也是明确的事实。当然，利用科学技术的治理手段，可以在一定程度上解决环境问题，但以我多年参与环境保护工作获得的认识来看，这远不是解决环境问题的最终极、最核心的办法，科学技术手段的应用，背后也还是离不开发展和经济等方面的制约的。

你对中国制造的稳步前进持乐观的看法。个人看法的乐观与否只是一个个人判断的问题，更关键的问题是在新的形势和环境下，我们能够拿出哪些具体有效的策略和方法去应对"挑战"，毕竟除了原有的环境与发展的矛盾，"挑战"又带来了新的影响因素。

> 比如，我们能否在与西方脱钩的前提下仍然保持制造业产品的足够市场？我们能够以什么方式摆脱传统（或者说曾占很大比例的）制造业来料加工以及在这种生产方式中对西方技术的依赖？我们如何发展可实现的技术和产业结构，真正改变中国制造"物美价廉"的现状并向精密高端发展？如此等等，都需要有真正可行的手段来应对。

江晓原：我说"某些关于中国制造的传统误解还在影响着你"，看来还真不是只在个别问题上如此。诸如环境代价问题、对西方市场和技术的依赖问题、"来料加工"问题等，都是20年前我们耳熟能详的，但如今"中国制造"早已不是昔日故事中的角色了。

首先，"脱钩断链"是美国那些对经济、政治和军事情报都一无所知的政客们臆想出来的，因为他们还沉浸在昔日"中国依赖美国"的幻觉中，而事实上中国对这种"脱钩断链"几乎无所谓——美国愿意承受痛苦去脱去断,悉听尊便。看看美国的大资本家们接踵来华,马斯克不停地要在中国开设新工厂,就知道谁更不愿意"脱钩断链"了。

其次,所谓的"来料加工"现在主要是东南亚和南亚某些国家的工作。中国制造现在出口最大宗的是机电产品,而且在这些产品的生产上"西方吃肉中国喝汤"的局面早已扭转。关于这一点,我们只要看看中国近年的贸易顺差就知道了——中国巨额的贸易顺差正是特朗普对中国开打贸易战的直接起因,结果打了5年,中国的贸易顺差反而增加得更快了。这其中,中国制造绝对立下了汗马功劳。

在今天的地球村,中国是真正意义上的世界工厂,全村人都知道中国造的东西好用,价钱还公道。谁成心要置气,偏不用中国造的东西,那就多花钱买差的用呗(很多时候还买不到别的了)。说实在的,我不认为如今还有谁能够对中国制造带来致命挑战。

刘兵: 看来,这次的对谈表现出,在这个问题上我们确实还有些和而不同。在你界定的范围里,你讲的确实有你的逻辑和根据。而我所考虑的,确实也可能是另外一些问题。但不管怎么说,无论从历史的发展还是从当前的形势来看,中国制造都是一个需要深入讨论的重大问题,因为这个问题毕竟涉及对中国当下形势及未来发展的判断和展望。当然,这也是一个需要在获得较全面信息的前提下,结合多领域、多学科深入研究的重大问题。

 工匠·技术·两种文化:讲好中国故事的一些新尝试

江晓原: 讲中国故事,其实有不少可以努力的方面。以往在我们的对谈中,对这方面的关注相对比较少,这次我收集了几种个人比较感兴趣的书,来尝试谈一谈。

让我们由小及大,先从主题非常"小"的一种开始。《榫卯的魅力》是一种图文书,我手中的版本已经是第5次印刷了,看来这本书相当畅销。此书的内容比较简单,就是介绍中国传统建筑和家具制作中的榫卯工艺,书中对各种榫卯结构和构件都绘制了详细的示意图,有的还

有模型图和实际应用场景。由于木工工艺通常并不是读者熟悉的事物,所以书中的绘图看上去相当引人入胜,也许这正是此书多次印刷的重要原因。

榫卯工艺当然充满了中国古代匠人的智慧,但不可否认,今天已经很少再有实际使用的机会了。比如今天我们几乎不会再建造木结构的房屋,那些传统建筑上使用的榫卯结构也就不会再在实际中应用了。

家具制作中的榫卯工艺情况会好一些,特别是在一些仿古家具的制作中,"不使用一颗钉子或螺丝"这样的原则,至少还具有审美上的价值。比如一些仿古的红木家具,仍然会完全使用古代的榫卯工艺,但是在绝大部分现代家具中,榫卯工艺还是失去了应用的场景。毕竟在日常家具的生产、组装中,螺丝的引入可以大大降低成本,对于加工工艺的要求也可以大大降低。

在失去了绝大部分实用价值的情况下,《榫卯的魅力》这样的书,还有什么价值呢?我觉得至少有三点。第一,唤起审美愉悦,那些榫卯构件的示意图,对于我来说真的有这样的功能。第二,唤起怀旧情结,让人遥想古代的建筑和家具,心往神驰。第三,唤起应用遐想,比如书中介绍的各种"鲁班锁",作为玩具,比起"魔方"

来也毫不逊色。

刘兵：我基本上同意你的上述说法。有趣的是，我小时候，曾在东北学过一段时间的木工，那时木工的加工制作工艺还远没有现在这样现代化，所以榫卯结构也是必须要掌握的技能。因此，我对此还有一些感性的认知和体会。

不过，对当下仍然使用榫卯结构的情况，你似乎更强调审美价值（怀旧也可以说是审美价值的一种吧）。对于各种实用器具，除了使用价值之外，通常审美价值也是其中重要且不可分割的组成部分。例如，服装本是为了遮体和御寒，但今天人们选择服装，审美价值已经绝对不可忽视了。又如读书，如果仅仅是为了阅读，电子书显然价格便宜、携带方便而且不占空间，但对你来说，就我所知，如果不是万不得已，你肯定还是会选择纸质书，这其中当然也包括了审美价值。

除了审美价值，具体地讨论榫卯这种工艺，还可以有传统和地方性知识的维度。毕竟，这种独特的中国传统工艺，是带有实用与审美统一性的，要精致地实现，对于匠人特殊技艺的掌握和传承有一定的要求，也是很典型的地方性知识的实例。但要是结合榫卯说到地方性知识，那就不得不谈到随着木工加工制作工艺和手段的现代化，使得这样的技艺掌握者和应用场合越来越少的问题了。这也许就是涉及传统和现代化之关系的更有理论意义的讨论了。

江晓原：《榫卯的魅力》作为图文书，以图为主，所以内容相对比较简单。下面我们来看第二本书《典籍里的中国工匠》。

此书作者是一位熟悉中国典籍的记者，写法是从中国古籍中搜寻出与工匠及技术成就有关的内容，通过适度的串讲和发挥，来谈论中国古代的工匠及其成就。总体来说，此书不是一本学院派的"学术著作"，作者也没有摆出学术著作的架势。

作者将一些传说中的人物也纳入了视野，尝试进行认真的论述，比如奚仲，被称为"中国车祖"；传说中的铸剑大师如干将、莫邪、欧冶子，自然被浓墨重彩加以论述。有些私家著述的文学性作品中的人物，也被作为匠人的实例，比如柳宗元《梓人传》中所记述的姓杨的"梓人"（据柳宗元的描述，此人类似房屋建造中的总设计师兼材料估算师）。

老实说，上面这些例子，如果一定要拉开"学术研究"

的架势，论述起来就难免有各种各样的顾虑，因为这些材料都很难被视为信史，只是"传说中的"。比如在谈到铸剑大师干将、莫邪、欧冶子时，作者多次引用了《越绝书》中的材料，说欧冶子铸剑时"雨师洒扫，雷公击橐，蛟龙捧炉，天帝装炭"，只能说吴越之地古时有这样的传说而已。又比如柳宗元的《梓人传》，明显属于文学创作，当然也不宜将其视为信史，至多对应于现代的"传记文学"作品，何况柳宗元还有《蝜蝂传》（关于一种昆虫的寓言故事）甚至《河间传》呢。

也许，恰恰是作者的记者背景，使他得以不受"学术研究"的束缚，从而可以对材料采取一种更为开放的态度。说到底，不就是讲故事吗？讲故事是人类一种极为古老的活动，源远流长，中西无异。作者引用《越绝书》《梓人传》的材料，至少让我们知道古人曾经是这样讲故事的，这又有何不可呢？

刘兵：我看你的评价还是很宽容的，对于书中那些按严格的学术标准会有争议的"故事"，你至少还是肯定了"讲故事"的意义。当然，作为学者，追求史料的严谨既是其进行研究的规范，是其成果可信性的保证，也是其研究价值之所在。

不过，我倒是联想到了另外一个领域，即神话学。神话学研究的对象，其实就是远古传说中的故事，自然不属于你说的"信史"，但对那些故事的研究，不也恰恰是通过发掘其背景所隐含的丰富意蕴，而使其成为很有学术价值的成果吗？

讲中国古代工匠的故事，包括作者会写这本书，就像其自序中所表达的，其实与我们当下大力倡导工匠精神，并且从华夏文明的历史中去追溯这样的精神有关。就宣传来说，这样的故事自然很有感染力，也会有很好的传播效果。以至于作者会认为，哪怕是传说中的工匠，也可能是一种真实的存在。

> 从中国的历史发展来看，即使不说那些传说意义上的工匠，在"信史"中有记载的工匠也是数量众多且已成为中国传统文化的重要组成部分。对其的发掘、研究和传播，对于继承、发掘和传播中华优秀传统文化来说，也确实是非常重要的。

你对古代文献比较熟悉，如果要做个粗略分类的话，你可否大致介绍一下这本书提到的工匠中，哪些是属于传说中的,哪些是按学术标准可被认为是实有其人的吗?

江晓原:这确实是一个很好的提议。事实上,此书涉及的许多方面,比如造纸、印刷、纺织、水利、桥梁、医药等,史料问题并不突出,因为有多种可用的,同时又很少有争议的史料存在,作者在论述时只要适度突出工匠的视角和角色即可,我确实没有发现什么问题。例如在论述印刷术的优先权时,作者还引用了我的《发明里的中国》中的论述。要说实有其人,那李冰父子、蔡伦、毕昇等,都可以相信确实实有其人。

即使在你巧妙地想到用神话学来为之提供学理支持的领域,比如此书讨论的铸剑领域,虽然在迄今为止已被注意到的史料中,目前仍是《越绝书》等传说色彩较为浓厚的古籍占据着重要位置,但此事也有另一个取信于人的要素——那柄传奇的越王勾践剑(指作为湖北省博物馆镇馆之宝的那柄,中国目前已知与越王勾践有关的剑共9柄),确实是无可置疑的实物。不管这柄剑有多少现代科学理论无法解释的现象,比如经过两千余年仍毫无锈蚀、锋利无比、至今无法仿制等,但因实物的存在,几乎杜绝了所有的争议空间。

作为对比，毕昇的活字印刷术，因未能留下实物，就出现了各种争议空间。就此而言，实物确实具有比史料记载更大的权重，这个原则应该是可以普遍成立的。比如都江堰也有实物存在，至今仍在灌溉着成都平原，作为中国古代水利工程的一个象征性成就，无论怎样"疑古"的人，也难以提出什么异议。

刘兵：确实，历史中总会留下诸多谜团让后人去争议，也随着历史学家和考古学家的研究而逐渐解开了其中的一些，对于这些被认为是确定的史实，有时又会因新的包括实物的考古、新的文献的发现，甚至于新的可

被认为是历史久远的传说的发现而推翻,或者带出新的谜团。这也是历史的魅力之一吧。

当下,官方对于弘扬工匠精神的宣传力度是很大的,对于传统文化的重视也是空前的。

> 当我们认真地反思中国的历史时,会发现工匠传统和精神其实也是传统文化的一部分,而且是非常重要的一部分。当然这是在宽泛的意义上讲文化。只有这样看,才能更好地解释中国历史传统的独特性,才好对那些类似中国古代只有技术没有科学之类的说法有所回应。

其实,无论科学还是技术,这两个概念都是后来出现的,都有着西方的印迹。用这样近现代的概念去套中国古代,就可能会出现问题。如果我们说,作为中国传统文化的一部分,中国古代的工匠传统和精神才更代表中国历史的独特性,你觉得会怎样呢?

再有,现在强调工匠精神,也隐含着这样的精神和传统的传承出现了问题。你觉得是这样吗?

江晓原:我不觉得是这样。事实上,以我自己曾经在工厂当过 6 年电工的经历,即使在改革开放之前,中国的工匠精神在工厂里也得到了很好的传承。改革开放后我虽然离开了制造业，但我们看看整体的效果——中国成了世界工厂，这在当年是我们做梦也不敢想的事情。如果没有优秀工匠精神的传承，仅靠抄袭仿冒、粗制滥造、低价倾销……能做到吗？世界人民，包括那些享受惯了我们以前顶礼膜拜的"德国制造""日本制造"的西方人民，能买账吗？现在强调工匠精神，完全可以理解为希望进一步发扬光大这种精神。

聊到这里，我们正好适时转入第三本书《知识、技艺、理念：传承与反思》了。这是一本学者撰写的著作，在科学史著作中可谓别出心裁，作者致力于在中国古代的笔记小说中发掘史料，从侧面讨论中国古代的科学技术。书中讨论了农业、蚕桑丝绸、造纸、音乐、中医药等领域在古代笔记小说中的记载和呈现，也讨论了一些有关的理论问题。

书中有一节引起了我的兴趣，那是第五章《中国历史上的重要奇器——被中香炉》一节。被中香炉在古代是给卧具熏香用的，里面可以放上点燃的炭，但奇妙的是炭竟不会倾覆落出而引燃卧具，因为其中使用了常平架装置，能够保证放炭的小盆始终正面向上。

多年前,我曾在陕西的法门寺博物馆见过一具出土的唐代被中香炉,铜制,球状,外径 12.8 厘米,内有常平架,1987 年出土于法门寺。在传世实物中,这一具属于尺寸较大者,同时出土的另一具外径就不足 6 厘米。在几厘米直径的铜球中,制作能够灵活旋转的常平架系统(需要三层圆环),这在古代应该也算难度比较高的工艺了。

根据已知的史料,被中香炉的发明和制作远在唐代之前。晋代葛洪名下的笔记小说《西京杂记》中,将被中香炉的发明上溯到传说中的人物,并认为西汉的丁缓重新发明了这种器具。这里最值得关注的重点当然是常平架装置——至少它已经出现在唐代的被中香炉实物中了,这是令人印象非常深刻的。

两种文化与中国古代文化的关系

刘兵: 你我在关于中国古代工匠精神的传承、发扬或衰落,以及工匠精神现状问题上的分歧,我觉得还是与对概念的定义相关，尤其是你讲的对当下工匠精神在中国制造中的现状的看法，我想或许还和我们关注的领域、获取的信息来源及感受的不同有关。不过，那个话题我们就还是先求同存异吧。

现在，我们转向新谈的这本《知识、技艺、理念：传承与反思》，确实与中国古代工匠的相关更为密切，尽管涉及更多的是中国古代技术的发明、工艺、构思和文化意义等，而不是工匠精神的问题。而且，此书以中国古代的笔记小说作为史料，并在此基础上来进行研究的视角也确实很有新意。像你刚刚提及的被中香炉的发明，也确实特色非常突出。

不过，因为作者使用了"对古今科技文化的系列思考"的说法，倒是让我联想起另一个相关的话题，即"两种文化"。如今，英国学者斯诺提出的关于科学文化和人文文化之分裂的论题（尽管这种表述也是后来的，当时他确切的说法应该是更狭窄些的科学文化和文学文化，对应的是科学家和文学知识分子，而不是更普遍的人文学者）已经广为人知，但在对问题的理解和应对方式上，则既有争论，也有误解。此书作者使用"科技文化"一词，但实际上，无论科学还是技术，更不用说科技，都是西方后来出现的概念，将其套用在中国古代，虽然容易让人意会，但还是会有用当今概念去硬套古代的辉格式史学之嫌。

那么，你觉得，在这种语境下，我们究竟应该以什么方式去谈论这些所谓的中国古代科技文化所指的东西呢？它与我们如今所说的科学文化（或科技文化）又有什么不同呢？

江晓原：这个确实有很大的不一样。首先语境就不一样。斯诺当年提出这个问题，是有感于科技和人文两个知识分子群体渐行渐远，他自己又是一个跨界人物，也许感觉自己有资格、有义务提请大家注意这个问题。而在中国古代，情况很不一样。

在古代中国，并不存在一个可以和人文知识分子分庭抗礼的科技知识分子群体。工匠在中国古代的地位相当低，他们不能跻身士大夫阶层。与此同时，士大夫群体中确实有少数人具有很高的科技素养，比如汉代的张衡、宋代的苏颂、元代的郭守敬等，但他们并不能代表另一个知识分子群体——在古代中国不存在这样的群体需要他们去代表。人文士大夫和高级工程师，这两重身份在这些人身上是合二为一的，但他们仍是凭自己的士大夫身份(通过科举选拔)而获得社会地位的。至于工匠,则无论他们能够做出怎样巧夺天工的东西,终归是不可能成为士大夫群体中的一员的。

或者我们也可以这样认为:让斯诺感到忧虑的"两种文化"的分离情形,在古代中国是不存在的。斯诺所呼吁结合的人文精神和科学精神,在张衡、苏颂、郭守敬等人身上,本来就是高度结合的。我们甚至可以设想,倘若斯诺对古代中国的有关情形能有足够多的了解,他的"两种文化"思想,有没有可能更为丰富?他可能就不必那么忧虑了——只要号召向中国古代的士大夫学习就行了。

刘兵:如果仅就"两种文化"命题与中国古代的情形相比较,我同意你的说法。如果仅从理论上来判断,的确还相对简单,可以讲清两种文化命题产生的原因和它与中国古代文化的关系。但如果联系到当下的现实,那情况可能就要复杂一些了。我们先来看几个现实的具体情况。

第一,我们现在从小学(甚至从幼儿园)开始,在教育中所教授的,基本上都是西方科学的知识。

第二,在这样的背景下,我们可以说基本上是在西方的文化背景中学习,因而,从官方到学术界,都在呼吁沟通科学文化与人文文化这两种文化,而且在具体实践中也做了许多努力。

第三,你说斯诺倘若对古代中国的有关情形能有足够多的了解,他可能就不必那么忧虑了——只要号召向中国古代的士大夫学习就行了。但实际上,斯诺在对"两种文化"的分析讨论中,却是明显地站在以近现代西方科学技术为基础发展起来的科学文化的角度上,极为强调其意义和重要性,而对于以文学文化为代表的人文文化代表者们在两种文化沟通中的表现,则是持相对批评的态度。

第四,无论是在一般社会文化意义上,还是在教育和科普工作中,我们国家都在强调弘扬中国古代优秀传统文化,呼吁弘扬工匠精神。

关于前者,也即中国古代优秀传统文化,虽然关于在整个的中国古代传统文化中究竟应包含哪些部分,应剔除哪些部分,还存在一些争议,但其所指还是相当明确的。而对于后者,即要弘扬的工匠精神,那主要是指中国古代这种传统中的工匠精神,还是指西方意义上的工匠精神呢?或者,中国古代和西方现代的工匠精神差不多是相通的？但实际上，斯诺在其《两种文化》中所说的工匠也即技术人员和工程师的文化，其实在很大程度上是与西方的工业革命及影响不可分的，也应该有其独特性。那么，在我们的社会文化经济发展中，以及在我们的教育中，到底如何才能同时兼顾我们国家在这四个方面的现实，明确各种要求的所指，并解决其间可能的冲突呢？

江晓原：这个问题比较复杂，可以分几个方面来思考。

首先，斯诺不了解中国传统文化中士大夫和工匠之间的社会阶层差别，因此斯诺的意见，对于理解中国古代社会中的有关问题当然没有指导意义。

其次，非常重要的一点是，斯诺在1959年提出他的"两种文化"时，人文学者在"学术界"仍然具有很大——斯诺认为是太大了——的话语权。但是时移世易，世界发展到今天，两者的地位早已逆转，人文学术的话语权已被大大压缩。斯诺若活在今日，他肯定得转而为人文学术鸣不平、争话语权了。

回到今天中国的现实生活，无论如何我们必须认识到，斯诺谈论两种文化时的局面如今已经大大变迁，因此他的主张并不能在今天简单搬用，但是他提出的"两种文化"这个命题还是具有长久的价值的。而在中国传统文化中,对于"两种文化"问题的解决也不理想,至少也不适合我们在今天简单搬用。

我近年一直主张将科学和技术视为两个独立的平行系统,并主张给工程师群体更多的重视和更高的荣誉。这种主张和希望人文学术不要过于衰落并不矛盾。

> 所以,在我们今天面临的新局面中,我们的教育和宣传,既要追求人文学术与科学技术的平衡,又要重视让科学和技术各司其职,避免在日常思维中将技术的成就算到科学的账上。这样才有望将后代培养成为更优秀的族群,同时也让社会资源分配得更为合理。

刘兵:我同意你的观点,而且,觉得还可以有进一步发挥的空间。

从历史上看,中国并无西方意义上那种明确的科学和技术分类的对应,不同社会群体以及其代表的文化也比较复杂,如果硬要以当下的科学家和技术人员(工匠),以及他们所代表的科学文化(在斯诺所使用的广义的概念上也包括技术和工程),与对应的人文知识分子(这大致可以对应所谓的"文人"?)和他们代表的人文文化来划分和套用,确实是存在问题的。

相应地说,应该要考虑到中国历史发展的特殊性,有中国的分类方式,也要关注不同群体及其所代表的文化之间的冲突。当然这还需要更具体的研究,主要还是学理性的考虑。如果把历史上的群体、文化和其间的冲突,在传承的意义上与当下联系起来,问题就更加复杂了。

就当下来说,我以为,中国同样存在着其独特性的群体、文化和其间矛盾的问题,而且在某种意义上,这又与西方整体文化(包括科学文化和人文文化传统)的引进,西方科学在抽象意识形态上的强大有关,也在某种程度上与中国传统文化的传承有关,因而才导致了我前面所说的几种现实问题。

但毕竟要把所有的因素都考虑进来也很难,研究和认识也都要有一个过程。简化地说,仅在斯诺那种西方分类的框架下,如果只考虑更狭义的科学文化和人文文化也还是有意义的,因为毕竟除了西方科学的巨大影响,西方人文传统在近百年来也同样对中国有着深刻的影响,尽管像你所说的,目前这种人文文化在被重视的意义上还相对处于弱化中。

> 在这样的考虑下,两种文化的命题当然也还是有意义的,而且在不同的时间还会有不同的表现,其冲突也同样反映在中国当下许多有社会争议的问题上。

最后再补充一点吧。你说,"既要追求人文学术与科学技术的平衡,又要重视让科学和技术各司其职,避免在日常思维中将技术的成就算到科学的账上",这我同意,但我要补充的是,站在人文的立场上,也同样要避免将除技术成就之外的一切好的方面都归于科学,而无视科学和技术可能带来的负作用。这也是当下讲求科学伦理的意义之所在。

第二日
两种文化何去何从

两种文化何去何从

江晓原：C. P. 斯诺的《两种文化》的第三个中译本出版已经20多年了。这20多年来，国内的科学史和科学哲学界人士也没有少谈"两种文化"，但我的感觉是，在很长一段时间里，这两种文化不仅没有在事实上相亲相爱，反而在观念上渐行渐远。而且有很多人已经明显感觉到，一种文化正在日益侵凌于另一种文化之上。作为当年此书第一个中译本的译者之一，你对此有何高见？

刘兵：我觉得，这倒没有什么令人惊奇的，反而从一个方面说明了斯诺所提出问题的重要意义。说一个方面，是指同时也存在着对立的另一个方面，即在某些领域中，两种文化的沟通、融合问题，又确实表现出相当的进步。这里似乎也出现了两种不同的趋势，甚至在国际范围内也是如此。例如，当年闹得沸沸扬扬的索卡尔事件，以及科学界某些人表现出的对人文研究的蔑视和

"批判",可以说是一个极端;而在像科学教育改革等领域中,无论国外还是国内(当然国内情况要更复杂些),也都表现出了要努力沟通两种文化的趋势。

江晓原: 在斯诺讲话的年代(第一次讲话是1959年),科学还处于被人文轻视的状况中,科学技术被认为只类似于工匠们摆弄的玩意儿。这倒很有点像中国古代的情形——工匠阶层是根本不能与士大夫们平起平坐的。斯诺是要为科学争地位、争名分,要求科学能够和人文平起平坐。他的这种主张,自然在随后的年代得到科学界的热烈欢迎。

从那时到现在已经过去了60多年,斯诺去世(1980年)也40多年了。历史的钟摆摆到另一个端点之后,情况就不同了。斯诺要是在今日的中国,特别是在那些以理工科立身的大学中,我想他恐怕就要作另一个讲演了——他会重新为人文争地位、争名分,要求人文能够和科学平起平坐。

刘兵: 在新版的由剑桥大学出版社出版的《两种文化》一书(第三个中译本也是据此译出的)中,有一个很长篇的导言,由科里尼撰写,其篇幅几乎与正文一样长。此导言相当详细地回顾了自斯诺提出两种文化的问题后，就这一问题相关的历史发展。看来，在这几十年间，有关两种文化问题之研究的发展、有关历史境况的变化、这一问题的不同含义等，是非常丰富的、复杂背景的研究课题。

不过，你刚才的看法大致是与那篇序言的观点类似的。对于斯诺若处于今天的中国会怎么样的推测也不无道理。但或许不仅仅可以设想他若面对今天的中国会怎样讲，实际上，在国际范围内，今天人文学科及其相关文化的地位也仍是可讨论的且充满争议的，尤其是在那些比较极端的唯科学主义人士的眼中，充满了对人文的蔑视。当然，在中国，这个问题可能表现得更突出，而且在表现形式上也与西方有所不同。

江晓原：考虑到斯诺当年演讲的时代背景，60多年后再来读这本书，除了引发我们世事沧桑的感慨之外，还有多少现实意义呢？我甚至还担心，在今天，这本书会不会反而被用来为"极端的唯科学主义"张目呢？

刘兵：这种担心不是完全没有道理，但也似乎不必过虑。我觉得，考察这一命题提出的历史是重要的，有助于我们更深刻地认识人们观念的发展，但在这种历史的考察中，对这一问题在不同历史时期的不同表现的关注本身，就反映出这样一层含义：重要的是这个问题的提出和引起人们的注意与讨论。

> **在不同时期它的含义不同，但却都引起人们的注意，这本身就说明了提出它的重要意义。尤其是，我们更应该思考它在今天的特殊意义，以及在国际背景下的中国特殊环境中的特殊意义。**

有了这样的历史与现实的双重思考，阅读此书，特别是包括了新的长篇序言的新译本，不是也同样可以为人文的意义与价值张目吗？当年，科学史家萨顿曾提出"新人文主义"，是指建立在科学的基础上的人文主义，这也可以算是一种两种文化的沟通。今天，我们是不是也可以考虑一种基于人文思考的科学观（因为科学主义已有了其恶名，故这里用"观"来称之）的建设呢？

两种文化在不同时代有不同内涵

江晓原：我也希望能够如此。你知道,旧书重读,或旧事重提,经常能够得出新意,这也正是经典作品被不断重新出版的根本原因。《两种文化》第三个中译本的出版,也可以作如是观。这个中译本的重要价值,是正文前面科里尼的长篇导言。

这里我还想提到此书的第二个中译本——三联书店1994年出版的纪树立译本,那个译本中包括了一些后续的文献,例如有斯诺回应利维斯的文章《利维斯事件和严重局势》等。这些文献第三个中译本未曾收录。

如果从旧书重读或旧事重提的角度来思考,那么当年围绕着斯诺的"里德演讲"所发生的一系列争论,比如1962年F. R.利维斯对斯诺演讲的激烈攻击(被人称为"斯诺—利维斯之争"),在今天看来还有没有意义?或者能不能赋予它新的意义?

刘兵：我觉得,当然那场争论是很有意义并值得我们注意的。在今天的回顾中,如果就当时的情形和英国(甚至西方)的具体背景来说,也许那场争论不过是与斯诺相对的另一方站出来表达观点,而且斯诺显然在发展的意义上占有更为人们注意的优势,但确实利维斯也并非全无道理,只不过他的道理也只有在今天才会显示出更多的深意。

相关的,我也注意到,虽然我们讲这个第三译本最重要之处在于其序言,但这篇序言最重要的意义,则又在于它对有关两种文化争论的历史的追述。就此书的篇幅而言,此序言所占比例确实是够长的了,甚至有些超出常规。但对于我们来说,也许这样的历史分析仍嫌简单了一些,或许更需要针对我们特殊的历史和现状,进行一些更加详细的分析与解说,比如说写作出版《两种文化》一书的解读本。当然,更加专门化的研究文章与专著也是迫切需要的。

江晓原: 关于长篇序言的问题,我想起一则逸事。当年蒋方震写《欧洲文艺复兴史》一书,请梁启超作序,梁下笔万言,"不能自休",将序写得和蒋书一样篇幅,感到"天下古今,固无此等序文",于是将序言独立为《清代学术概论》一书,反过来请蒋作了序。和梁启超的序比比,科里尼的导言就一点也不算长了。这篇导言若是再进一步充实和展开,那真可以收入"名家解读经典名著丛书"中去了——只是若为四五万字的《两种文化》写一本十余万字的解读,总让人疑心是不是在借题发挥。

刘兵：不过，像两种文化这种在几十年前就提出，而且在今天仍具有重要影响，并在不同的意义上为人们所关注讨论的问题，其重要性也正在于让人们借题发挥。否则，就不是在研究当代问题，而只是在研究历史了。甚至于，我们可以设想，我们今天在阅读这本经典著作时，在仅有四五万字的内容中，究竟有多少文字是与我们的现实直接相关的呢？似乎比例并不很大。最重要的，就在于这个问题的提出，在于这样一个问题不同的时代可以有不同的内涵，但却总是某种核心的社会文化焦点问题。关注这一问题的提出及其争论的历史，除了其自身的史学意义之外，重要的是可以帮助我们理解今天的现状是如何达到的，也更是为了在这种认识和理解的背景中更好地、更恰当地解决当下的问题。

那么，剩下的任务，就是将两种文化及其分裂问题在今天的表现与我们相应的对策作为一个大问题来进行认真严肃的研究了。

关于"科学大战":有话好好说

江晓原:看完《一种文化?——关于科学的对话》这本书,我特别羡慕作者们当年的工作情景:对立的两派学者,聚集在一起,第一天是"乘坐一艘小机动船游览南安普敦水上风光",这个过程想必将先前的敌意消除了不少;第二天是封闭式的深入讨论,"在达成相互信任和理解之后",第三天举行公开讨论。这两派人,一派是 science studies(此书译作"科学论",国内另有"科学元勘""科学的社会学研究"等译法)学者,另一派是对"科学的社会学研究"成果和从事者感到不满的科学界人士,或者说是某些秉持科学主义观点的学者。

之所以要搞这样一场温情脉脉的"有话好好说"会议,是因为许多学者感到,上述两派的论战和交锋,在20世纪90年代后,火药味越来越浓,本来相当纯粹的学术争论,逐渐演变为"主要目的似乎在于公开地嘲笑对方",所以希望大家有机会面对面坐下来,心平气和地陈述自己的观点,在此基础上充分交换意见,求同存异,各抒己见,以求将有关的研究从理论上向前推进。

回过头来看我们这里，上述两派虽然尚未正式形成，但有些言论倒是可以说"主要目的似乎在于隐蔽地陷害对方"。不过，前些年一年一度的科学文化研讨会，是否至少在某种程度上与南安普敦会议有异曲同工之处？

刘兵： 正如你所讲，在中国，似乎上述两派尚未正式形成，不过，倒也有一些相似的投影。当我们观看大洋彼岸的"大战"时，此地也有一些局部的"战争"，尽管在队伍、实力、战场、战略和战术上都很有些不同。这样看来，似乎也还不太好进行严格的比较，一年一度的科学文化研讨会，也还很难说能与南安普敦会议直接相比。

虽然哪里都有另具特色的矛盾和冲突，但是科学与人文的分裂仍然是共同的大背景，也是两种文化之分裂在新形势下的新表现。

西方的"科学大战"在打了若干年之后，有人搞了这样一个两派对话的会议，颇有些外交上要沟通和谈的意味，这种用心当然良好，编者甚至基于良好的愿望拟出了一个《一种文化》的书名——尽管后面还是加上了个问号。不过，我倒是很有些怀疑这样的和谈是否能给两派真正带来和解，是否能够真正带来和平。

但是，能否实现和平是一回事，有坐下来"有话好好说"的愿望毕竟是一件好事，也许，在多元的基础上实现一种"和平共处"也有可能。但是，这又与西方在学术批评和学术争论中的传统有关。在那种传统中，学术观点不同的争论双方在学术争论之外，以及在学术争论的过程中，基本上还是可以很绅士地共处的。可是，在我们这里就颇为不同了，我们的学术界，似乎很少有西方学术界那种真正限于学术问题而又认真严肃的学术批评。偶有批判，多半很快就涉及学术之外的领域甚至人身攻击了，就像你所说的，在我们这里，科学主义阵营一方在批判另一方时，动辄扯上意识形态，因而也就自然地出现了"隐蔽地陷害对方"的那种举动。

江晓原：在此书的结语中，两位编者归纳出了论战双方在"有话好好说"会议后得到的三点共识和一些不同的论点，以及一个问题清单，都很有意思。先看三点共识。

1. 科学论对科学的旨趣没有敌意，既不是它要处心积虑地反对科学，也不是它无意中的副产品要反对科学。

2. 在这场科学大战的整个过程中，误解和误读扮演了一个重要的角色。

3. 科学论是令人感兴趣的,并且可能是有益的研究领域。

第三个"共识"看起来就相当勉强了,很像两个关系紧张的国家首脑会谈后,发表的字斟句酌的联合公报中的措辞。这正好可以印证你上面的猜测:这样的和谈是否能给两派真正带来和解?

我想,真正的和解恐怕是不可能的,未来和和平(如果能有的话)恐怕只能等待"普朗克定律"慢慢地发生作用。但是开开这种"有话好好说"会议,起码能对问题进一步澄清,对双方的观点减少"误解和误读",总还是有好处的。

刘兵: 这种说法我也同意。或者换一种思维方式,当我们努力地消除两种文化间的隔阂时,其实在深层也有不同的目标,比如,像此书标题显示的那样:一种文化!或者,虽然能够沟通甚至部分理解,能够和平共处,但仍然还是两种文化。对前一种目标,仔细想来,实际上是要消除文化的多元性,而后一种则不是。因此,即使将来普朗克定律产生作用,在现有的两种文化的领域中,也未必一定就只有合一的一种文化,更可能的,仍然会有各自相对独立的科学文化和人文文化——当然,它们的形态也许会与今天大为不同。理想的情况下，它们之间也许会和而不同，不再像现在这样彼此敌对。那样的话，也许就是一种比较理想的发展了。

其实，抛开更远大的目标不说，这样的和谈也还是另有一些好处的。当双方真正以为了让对方理解自身而坦诚交流时，一些观点的表达会更加准确达意。至少，我在看此书时，就经常有这样的感觉，对平常一些经常有争议、有误解的问题，在双方的解释说明中，看到了许多更好、更明白的表述。

江晓原：姑以欧美的情形言之，科学当然仍然无比强大，总体来说肯定占据着绝对优势，可是我看科学论方面却丝毫不惧。非但不惧，势头还很强，"导数"是上升的，反倒是科学主义这一面，至少正在逐步丧失公众话语权。

回想当初，幼年期的科学论（如果已经可以这样指称的话）扮演的是科学的赞美者的角色，或者是某种"帮闲"角色，甚至好似主动投怀送抱却遭到轻视和冷遇的女郎——物理学家费曼"科学哲学对于科学家，就像鸟类学对于鸟一样毫无用处"的名言，就是这种轻视和冷遇的典型表现。

可是随着科学论的逐渐成长，它开始自立、自重、自强了，它已经不屑于再扮演"帮闲"角色了，它甚至开始批评起昔日赞美的对象了。最令科学方面感到意外和愤怒的是，在科学为大众的物质生活提供了如此众多的改善和便利之后，忘恩负义的大众和大众传媒，却和已经反叛了的科学论阵营日益亲近起来。

所以，在读此书的过程中，我产生了一个有点恶作剧的问题：在这场所谓的"科学大战"中，现在双方究竟谁更怕谁一点呢？

刘兵：你提的问题确实很有意思。确实，科学家，或者说科学主义一方（因为并非所有的科学家都投身于这场大战中，更多的人是采取了置身于战场之外的策略，甚至对于大战并不感兴趣，所以用科学主义一方，或者好战的科学主义一方也许更为贴切）在这场战争中的激烈反应固然有因过去的高大形象被诋毁而怒从心头起的原因，但细想一下，恐怕还是有些恐惧感在里面的。你想，一个绝对强大的巨人会对一个不堪一击的弱小对手如此在意吗？通常，只有在实力大致相当时，一场大战才会持续打下去甚至难分输赢。因此，这场大战的出现，也确实表现出了一种社会权力结构的变化（这样说也是为了避免使用像社会进步这样的词句）。在新的权力结构中，科学主义者一方也要担心科学的权威和形象（尤其是在公众中的形象——因为正像此书中有人分析的，他们对只限于学术界讨论范围在内的分歧要相对不那么敏感），在这背后，当然也有连带着对其社会地位，尤其是资源分配带来的威胁。而另一方呢？一旦不再想做"帮闲"，在战争过后，就算输了（不过我们似乎并未看到这种迹象），又会失去什么呢？

但话说回来，其实，"现在世界上究竟谁怕谁"也许并不是最重要的。最重要的，还是安定与和平——我个人现在所倾向的是那种多元共存的和平，因为这种和平肯定不应是以科学论（说实在的我还是不喜欢这种译法）无原则的妥协为代价的。

科学时代的一丝人文主义

江晓原：我们两人共同的一些朋友们——所谓的"科学文化人"——近年集中关注科学主义问题之后，

对这个问题的认识不断深化。就我个人而言,当我试图追溯中国现代的科学主义源头时,我曾经相当赞成美国学者郭颖颐《中国现代思想中的唯科学主义》一书的结论,即认为"五四运动"以后,特别是"科玄论战"以后,科学主义在中国已经取得了胜利。这个结论我现在觉得还是可以成立的,只不过先前我们可能忽略了(或者是歪曲了)这场战斗中失败一方的努力和论点。

这本《"科学时代的人文主义"——〈思想与时代〉月刊(1941—1948)研究》,恰恰是要发掘当年那些提倡"科学时代的人文主义"的学者们曾经做出的努力。当然,指出这些努力,并不意味着可以改变当年科学主义在中国的胜利。这种胜利及其持续,也离不开世界范围的思潮演变背景。当这种胜利在20世纪下半叶的西方理论界和传媒中逐渐消失时,反对唯科学主义的思想潮流"青山遮不住,毕竟东流去",还是在世纪之交进入了中国学者、公众和媒体的视野。

刘兵:我在看这本书的时候,也曾想过,在我们现在的背景下,你肯定会有像上述的联想,尽管此书的主旨,也许与我们平常的关注有一定差异。

也许正是由于这种差异,我注意到,此书作者在绪论中的一个说法，或者说判断，可能就与我们的看法有所不同。作者认为，以往学界，例如郭颖颐、林毓生等人的观点将科学主义在中国的强势有夸大的成分，而作者则是要"展现与此不同的一个面相"，"探究这一学人群在一个科学的时代，如何重新认识科学的价值与人文的传统，以及他们为打通科学与人文之间的壁垒所做的种种尝试与努力"。

该书作者的努力是有意义的，但若要把这种"在已经发黄变脆的纸张背后，寻找那些渐渐被遗忘的学人"的历史，推及代表一个时代的意义，却同样有某种夸大之嫌。也许对《思想与时代》这本杂志以及这群作者来说，并不一定都是科学主义的，甚至是有积极意义的对科学主义的抵抗，但就那个时代（更不用说今天）而言，这样的阵营又不一定是主流的，否则，他们为什么几乎被"遗忘"了呢？而这正像你所说的，那些人的努力并不意味着可以改变当年科学主义在中国的胜利。

江晓原：我忍不住又想搞一点我喜欢的"庸俗统计学"。此书末附有《思想与时代》杂志的全部目录，共有各种文章389篇（包括述评、纪念文章等），从目录来看，有可能涉及科学主义问题的文章只有21篇，占全部文章的5%多一点。况且这些文章是不是都站在科学主义的对立面，也还不一定。也就是说，在这群学人所关注的问题中，科学主义问题（或"科玄论战"问题）只是很小的一部分。这一点其实在此书的结构上也得到了正确反映：全书包括"绪论"在内共七章，其中只有第四章"沟通文质"是涉及科学主义问题的。

此书第四章中列出的《思想与时代》杂志"科学家学人群"，总共只有六人：竺可桢、卢于道、陈立、洪谦、钱宝琮、张其昀，其中陈立、洪谦列为"科学家"，还是有点勉强的。从目录看，这六人中也只有竺可桢和钱宝琮关注过科学主义问题（另外的《思想与时代》学人中，关注该问题较多的是钱穆和谢幼伟）。

这些都提示我们，在那个时代，关心科学主义问题的人（无论是人文学者还是科学家），其实非常之少。所以，汪晖那个被此书作者称为"并非如此简单而绝对"的论断，实际上还是可以成立的，即"当第二次世界大战期间有组织的或民族—国家的高技术暴力震惊世界之时，中国知识分子正在为民族解放而奋斗，那些针对科学霸权及其技术运用的反思性的思想和概念没有引起人们的丝毫兴趣"。

"没有引起人们的丝毫兴趣"当然是一个修辞,对于整个时代而言,即使找到了寥寥几个学人曾经表现过一点兴趣,也不会使这个修辞变得无法容忍。

当然,作者对科学主义投注了较多的注意力,给出了(相对于上述5%而言)较多的论述,还是值得欢迎和欣赏的。

刘兵:我觉得作者在其绪论中,似乎要对其他人关于中国在意识形态方面之科学主义总体情况的看法有一种适度的颠覆,即认为中国在那个时代(当然那时对现在是有影响的)的科学主义倾向并非那么强,而这本刊物则证明了这一点。而我的看法,则是认为从那个时代开始,中国的科学主义的整体倾向就已经是很强的。虽然这本刊物的科学主义色彩并不强,包含大量人文以及对民族——国家问题的关注,并且即使有涉及科学的内容,比例也不大,而这正好说明了,此刊物在整体的科学主义倾向中,并非特别有意地强调反科学主义的立场。即使有些这样的立场(如钱宝琮对萨顿观点的介绍),因为这本杂志的影响力有限,所以也很难说曾起到了多大的作用。

因而,中国当时(及现在)在整体上的科学主义倾向是怎样（如汪晖的看法）是一回事，而这本刊物的科学主义（或反科学主义）倾向是怎样则是另一回事，再考虑到其有限的影响，要从这份杂志来扩大讲对中国科学主义的整体判断，可能就会有以偏概全的问题了。

江晓原：我完全同意你的看法。不过，无论如何，这本书让我们注意到这份刊物和围绕在这份刊物周围的当年学人，终归还是功德一件。况且，那些学人那时的各种思想和论述，在今天看来有些也相当有价值。

> 其实，对历史上的人物、事件、思想等的价值判断，在每个时代都是不同的。所谓"一切历史都是当代史"，应该就是包含了这层意思的。

刘兵：是啊，而且从史学来说，历史上的事情，也经常是有某种相似性的。虽然我们与《思想与时代》杂志处在不同的时代，我们也不敢与那些大师们相比，但是在我们为科学与人文的交融、为反对科学主义而做着今天可能的努力的时候，那些前人的工作也未尝不是我们的榜样，这也是我们重温历史的一种意义吧。

我们需要更多的科学文化

江晓原：系列丛书"我们的科学文化"是当年朋友们呼唤了好几年的结果。现在想起来，这里头确实有很多问题是值得思考和讨论的。

十几年前，我们开始在各种场合使用"科学文化"这个词时，对于它的含义有几种不同的理解，我觉得表达得最好的是田松的态度：我们先不要问她是谁，或者她会长成什么样子，且先帮助她成长起来。那时我表示，相信她一定会长成眉目如画的大美人。现在看来，我大概没有说错。"科学文化"已经在中国成长起来了：一种名为《科学文化评论》的杂志已经出版了近二十年，"科学文化"这个词在学术著述中和大众媒体上都已经司空见惯，成为一个进入了公众话语的词语，甚至出现了"科学文化人"这样一种称呼——尽管这种称呼让某些旁观人士感到不爽，不时要找由头来冷嘲热讽一番。

避免对"科学文化"作明确的界定，至少迄今为止还是一个正确的策略。这在某种程度上有点像小平同志"不要争论姓资姓社""发展才是硬道理'的精神。田

松当初的态度,岂不就是深得小平同志指示精神之旨吗?

到了今天,我觉得,这十几年发展下来,我们的科学文化已经逐渐形成了自己的面貌,或者说形成了某种主旨,"我们的科学文化"丛书的命名,正体现了这一点。

刘兵:说到科学文化这个概念,确实有许多波折。因为类似地,也还有其他一些概念在被人们使用着,比如科学人文等。而大约从20年前开始,我们两人就都一直坚持用科学文化这个概念。我想,这与我们既从事像科学史、科学哲学这样的学术研究,又同时在做着许多以学术研究为基础但又与之颇不相同的、与科学的人文视角相关的准学术和大众传播工作有关。

科学文化这个词,虽然到今天为止仍然在定义上有些模糊,但在指一个领域或一类工作时,却可以同时包容学术与非学术性的内容。

在对科学文化概念做了这种概括性的总结之后,我们也许还是应该回过来谈谈这套系列丛书。"我们的科学文化"这个系列丛书的名字虽然是近来才起的,但要做这套书的想法,却是由来已久的,对其内容的设想,也酝酿了很长时间。甚至在24年前,我还曾做过另一套系列丛书,即"三思评论"。三思者,science 也。不过,那套书在只出了两本之后,由于种种不可控制的原因,就停出了。"三思评论"在内容上其实也是科学文化方面的,刚出时也曾受到好评,被称作科学文化界的《读书》。你觉得,在"三思评论"和"我们的科学文化"之间,有什么异同吗?

江晓原:首先我想,一个差别是从编"三思评论"到编"我们的科学文化",中间隔了好几年,在这几年中,我们的思想都有了很大的发展,我们对很多问题的认识更深化了,也有许多新的问题进入了我们的视野。但是,某种同仁出版物的色彩,则是两者共有的。我觉得"我们的科学文化"所关心的问题似乎和现实更贴近,这其实是我们这个群体近年来一个比较明显的趋势。

另外,在"我们的科学文化"中,群体合作的特点将会表现得更为明显,像我们现在商定的由一些编委轮流担任执行主编的制度等,就体现了这一点。同时,我们也更注重了某些趣味性,以便能吸引更多的读者。

记得当年我曾经说过"要有形成一个学派的思想准备"这样的话。当时我说这个话的时候实际上不无顾虑,但是此后几年随着同仁们的共同努力和思想的发展,这种现象似乎在客观上确实出现了。作为一种我们的同仁出版物，这也许是"我们的科学文化"与当年"三思评论"最大的不同了。

刘兵：我同意你关于学派的想法，尽管这样的说法可能会引来一些非议，但我们既然致力于发展我们所称的科学文化，致力于以一种大致相近的理念来从事研究和传播，为什么就不能打出"学派"的旗号呢？有非议就让他非议去吧。毕竟，在国际上关于学派的理论中，大致的要件就包括出版"同仁出版物"这样一项要求。而且，在那些要件中，这似乎也是我们所欠缺的最后一件了。

除了学派的问题，我想说的是，在我看过了第一本"我们的科学文化"的定稿之后，整体感觉它确实很有可读性，这也就是你所讲的那种趣味性的体现吧。其实，讲趣味，并非只是为了迎合读者，我们这里所体现出来的趣味性，本是各个作者在对选题的把握和表述中所带来的，是新的、与传统有所不同的理念所带来的。否则，就只会有一种形式上的"趣味"，而不会有长久的影响力。不过，这也许并不是我们在一开始的特意设计，而是一种群体品味的自然反映。

江晓原：我非常欣赏我们由编委轮流担任执行主编

的制度。一方面，这可以为丛书带来不同的风格和特点，而另一方面，就要想到田松的那句名言了，"我们是由衷地相互欣赏着的"。所以，我们不会追求某种经过妥协而造成的统一风格，我们愿意让丛书的每一本呈现出不同的个人风格，甚至是非常强烈的个人风格。

要说到丛书的主旨，我想主要是反映这个学派在近年所关注问题上的重要思想，从总体上说，这些关注和思想，似乎可以用"换一种眼光看科学"来概括。因为在中国，用传统的眼光看科学的人仍然占绝大多数，而用带有后现代色彩的眼光看待科学的人还是太少了。

有的人认为，因为中国的科学技术还不够发达，所以我们还没有到用后现代眼光看待科学的时候，或者换句话说，他们的意见其实就是说我们还没有到告别对科学迷信的时候。但事实上，这种必要性和科学技术发达的程度之间没有必然联系。更重要的是，用新的眼光看科学，对科学技术的发展是有好处的。

刘兵：虽然我自认自己是很后现代主义的，也同意你上面所说的看法，但我担心，并非为此丛书撰稿的所有作者都会同意自认为后现代主义者。因而，我想是不是可以稍弱化一点，将"换一种眼光"理解为是用人文的视角和立场来看科学,当然,后现代主义也是国际人文思潮发展的一个新阶段。

这让我想到,在美国科学史家职业化的过程中,一个重要的特点,是新一代的科学史家从接受专业教育开始,与其前辈最大的不同,就在于他们从一开始就接受了更为人文的训练。从我们丛书的作者情况来看,其中也有不少是"新人",如刚毕业甚至在读的研究生,他们的加入,以及他们通过接受更为人文的教育并在这种知识背景下对科学进行人文研究,不也正体现出了可喜的新生力量的涌现吗?——而且,这种新生力量的存在又是"学派"成立的重要标志之一呀!

第三日
今日中国之"第三种文化"

今日中国之"第三种文化"

江晓原：关于布罗克曼的《第三种文化——洞察世界的新途径》，我认为他是"不吃力而讨好"，只是将一众高手的文章编辑成书。当然在引言中他发表了自己的见解——为"正在浮现的第三种文化"高唱赞歌。引言中还包括了一众高手同样的观点。

刘兵：对于这本书，我也认真地看过一遍，并写了一篇书评。总体上来说，我觉得，如果作为一本科普书，应该说这本书还是不错的，能请到这么多科学界的大人物来谈自己的工作和彼此评论，做法也比较别致。问题主要出在编者，或者说采访者布罗克曼的立意和对此项工作之意义的拔高上了。他并不满足于仅仅普及这些具体的与科学相关的知识与思想的内容，而是要把这些东西进行一种提升，提升到一种文化，而且是被作者称为"正在浮现的第三种文化"这样一个高度。

其实，他讲的"第三种文化"，本来是不可能脱离斯诺原来理想中的将科学文化与人文文化相融形成的"第三种文化"的语境的，但他所谈的第三种文化，实际上完全是另一回事。在书中，他将和一般公众直接进行交流的科学家们的思想和工作与"正在浮现的第三种文化"相联系。这里的关键点在于，在布罗克曼看来，第三种文化的代表者，并不严格等同于科学家，而只是科学家阵营中那些乐于直接为公众写作、与公众交流并还时常由于这些工作受到某些科学家蔑视的人士。布罗克曼也分析说，"第三种文化引起人们广泛的注意靠的并不仅仅是他们的写作能力，那个传统上被称作'科学'的东西，今天已经变成了'大众文化'"。

江晓原：这个问题可以从一个更广泛的角度去看。进入现代社会之后，随着教育的普及，公众中有能力接触并理解科学知识的人数大大增加，然而与此同时，科学知识越来越精密，科学分工越来越细化，其结果是科学家与广大公众及人文学者之间的沟通发生了困难。科学要与公众接触、被公众理解，就需要中间人了，而这样的中间人往往是有人文素养的，比如记者、杂志撰稿人、科普作家之类。另一方面，人文学者与公众的沟通却相对要容易得多,他们可以不需要中间人,所以人文学者自然拥有较多的公众话语权。

这里既有理解上的困难,同时还有一个兴趣问题——对广大公众及人文学者来说,那些精密的科学知识,往往与自己的日常生活没有直接关系,甚至毫无关系,既然如此,他们又何必劳神费力去试图理解这些知识呢?所以,科学家如果试图和他们谈论这些知识,通常很难引起他们的兴趣,也很难让他们理解。久而久之,科学家似乎丧失了信心,他们中的许多人将与公众沟通的努力视为对牛弹琴,甚至视为是有失身份的事情。这也许就是大部分科学家对于科普不屑一顾的原因。而人文学术相对来说比较容易被公众理解,也比较容易唤起公众的兴趣。

在这样的背景之下,布罗克曼所谓的"第三种文化",说白了不过就是"科学家直接向公众说话"而已,与我们国内传统的"科普"理念其实是很接近的。

刘兵: 这里的问题可以从几个方面来讲。其一,科学家向公众普及科学知识存在的困难,是现实的情况。不过在西方,总还是有些科学家愿意从事这样的工作,并做得比较成功。实际上,布罗克曼在此书中找的这些科学家,大致就属于这类。对此,在传统科普的意义上,这是需要我国的科普工作者们学习的,也是需要我们的科学家学习的。其二,在国外公众理解科学运动的发展中,就做法而言,已经从科学家单向对公众灌输科学知识,转向了关注科学家与公众的对话,即一种双向的交流。这应该是科普的一种高级阶段或者说高级形态,更应该为我们所学习。但是,其三,仅仅这些依然是不够的,这些内容还不足以构成斯诺原来所设想的那种充分融合了科学与人文的第三种文化,这才是此书的关键问题之所在。布罗克曼所说的以他的书中为例的"第三种文化",其实人文含量并不是很高,它还远不足以形成涵盖甚至超越科学文化和人文文化这两种传统文化之上的第三种文化。

当然,这样的文化形成是非常困难的,也是斯诺之后几十年中许多人努力的方向。至于如何去做,可以有不同的看法,可以有争论,但至少不是以布罗克曼的这种方式来解决问题的。

江晓原:事实上,布罗克曼所讴歌的方式,其实就是国内科学界所说的"高级科普"而已,要从这上面"浮现"出"第三种文化"来,确实极为困难。当年斯诺心目中的"第三种文化",本来也尚无清晰面目——我觉得倒是有些接近我们近年来所说的"科学文化",至少两者有交集。

其实,在现代科学确立以前,并不存在"科学"和"人文"分野上的"两种文化",从这种意义上来说,本来只有一种文化。

> 是现代科学的巨大成功,以及日益细分的专业,使得科学逐渐成为另一种文化(至少在斯诺的意义上是如此),由此才出现"两种文化"之间的沟通和对话问题。沿着这个思路走下去,我们可以推想,斯诺所呼唤的"第三种文化",实际上应该是科学和人文这两种文化所融合而成的一种新文化。

换句话说,这是一个"1—2—1"的过程,当然后面那个"1"与前面那个相比,无疑将是更高级的文化。相比之下,布罗克曼将科学家摆脱对媒体的依赖,试图直接和公众对话的努力,说成是"第三种文化",未免有点拔高了。

刘兵:我想说的也正是这个意思。不过,要谈到两种文化的分裂及其危害，以及人们对于融合它们所做的努力，甚至于第三种文化形成的理想，除了将其作为一种世界范围学界的主流努力方向外，也无法回避这种努力仍面临着巨大阻力的问题。在斯诺那里，虽然在谈两种文化的分裂和第三种文化的理想，但他的主要立场还是更多地站在科学文化这一边，而几十年后，在经历了诸多的争论，包括许多在立场上更侧重人文一方的学者们的观点出现之后，布罗克曼在做这样不成功甚至也不甚合理的尝试时，却还是基本上站在科学这一边，并表现出了对人文文化的某种轻视。

问题在于，如今，像布罗克曼这样的人并不少见，一些人甚至比他还要极端，干脆站在极端唯科学主义的立场，全盘否定人文文化的价值，甚至会说出伦理（学）常常给世界带来浩劫这样荒谬的话。像这样的人和他们的立场，实际上也构成了形成理想中的第三种文化的重要障碍，就像只要有人站在哪怕稍有人文精神的立场来分析一下科学时，就会有人跳出来给扣上"反科学文化"的大帽子一样。如果对文化的研究与发展设置了这样的禁区，那怎么还会有第三种文化呢？那就只能回到斯诺之前的时代,只能坚持一种科学文化了,而这恰恰对于这个世界的发展是有着很大的损害,有着很大的威胁的。

江晓原:那顶"反科学文化"的帽子,事实上是无的放矢。在被称为"反科学文化人"的群体中,没有任何人企图"反科学",而且其中大部分人都是学精密科学比如物理学、天文学等出身的,有的还在前沿领域做过研究工作,对于现代科学,比那些"制帽专家"有着更真切的了解。有些人士一看见、一听到有人对科学有所议论,就仿佛别人触动了禁脔,并立刻虚构出"有人要反对科学""科学正在受到损害"等危言耸听的场景,随后就作义愤填膺状,大举讨伐。然而讨伐的行动,却又以无中生有、无限上纲、恐吓谩骂为主,根本不能心平气和地讲道理讨论问题,这对科学和科学文化都毫无贡献。

刘兵:我们这里所说的这种现象,实际上也可以理解为两种文化之分裂的一种特殊表现。随着科学的发展,对于科学本身更深入的理解,不可避免地需要有人文的视角,这也恰恰是像科学哲学、科学史和科学社会学等学科存在的重要意义。但有些极端的唯科学主义者,对人文不要说不肯学习了,就连一听到这个词都会火冒三丈，却又以科学的捍卫者自居，容不得半点对科学的议论，甚至无视科学在实际社会运作中未能令人满意的现实。

相比之下，那位出身于科学家，尽管不很"职业"但却并不轻视人文的英国学者齐曼，在其《真科学》一书中，倒采取了更为实事求是的态度来描写现实的科学。这又让我联想起另外的一个例子。那些认为中国古代没有科学的人就真的是不爱国吗？他们中有许多人在实事求是地分析过去，不正是为了这个国家未来的科学发展而做出自己的努力吗？相反，那些不加分析就盲目地宣扬中国古代有了这个、那个的人，其工作的效果，倒可能正好与其爱国的初衷相反。类似地，那些以卫道士的姿态"捍卫"科学，将对科学加以如实的分析、理解和研究的人动辄扣上"反科学"大帽子的人，其行为的后果，倒也正好可以说是在"反"科学。

江晓原：科学是天下公器，并不是只有科学家才有资格谈论科学，别的人也有资格谈论。如果自己都并非真正的科学家，却认为世界上只有自己才有资格谈论科学，这就是一种奇怪的心理。

布罗克曼大力主张科学家应该自己直接面对公众，

当然也暗含着不喜欢别人充当媒介的意思。若是科学家们确实能将这项工作做好，当然再好不过，但如果科学家们无暇及此，或不屑为之，那就只能依靠其他人了——因为公众有理解科学、与科学对话的需要，媒体也会直接反映这种需要。

刘兵：至于布罗克曼所想的科学家直接面对公众的问题，也大可再加分析。在当今这个时代，专业分工，或者说职业化，是一种无法避免的现实。科学家如果愿意在专业工作之余从事科普，当然是值得提倡和鼓励的事，但科学家的本职工作毕竟是从事科学研究，相应地，他们所受的训练，也主要是以此为目的的，因而他们并不一定擅长从事普及和传播工作，尽管事情总有例外。

正如我们所见，一些科学家既不擅长，也不很愿意从事科普工作（这点布罗克曼在其书中也是承认的）。因此，在西方才会有科学作家（science writer）之类的职业，而要从事这样的职业，无论是基础训练、知识背景，还是工作方式，都有其自身与职业科学家所不同的特点。这种分工的出现，也可以说是一种进步吧。相比之下，我们会发现，在我国，至少到目前为止，还很少出现这样的——这里不得不加一个限定语"成功的"——科学作家。

图之为用大矣哉

江晓原：以前我一直有一个印象：中国古代反映科技成就的图像资料很少，特别是能够唤起审美冲动的那种图像资料就更少。虽然我在读书时若有所见，也注意收集了一些，但每逢出版社要求我为与中国科技史有关的书提供图像资料时，我还是不得不经常向他们解释，中国古代这方面资料很少，不像在西方美术作品中寻求西方科技史图像资料那么方便。

中国古代本来有"左图右史"的传统，"图"与"史"能够并列，但后来由文字构成的"史"极为发达，而且古代中国人在选择"图"的对象方面似乎颇多约束，最终形成了"图衰史盛"的局面。这个局面看上去似乎是可以和上面那个印象相对应的。

正因为那个印象作祟，这本《中国科技绘图史：从远古时期到十九世纪》（*Picturing Technology in China: From Earliest Times to the Nineteenth Century*），初看它的中文书名差点误导了我，以为是一本关于中国古代科技史的图文书。一开始我披阅此书，见到书中大量关于中国古代科技的图像资料,有些是我以前未曾见过的,有些虽曾寓目,却从未见被处理得如此精美——这些处理手法包括裁割、放大、修图等,美术编辑肯定在此书的版面设计上花了很多工夫。当时还为作者葛平德(Peter J. Golas)居然收集了那么多关于中国古代科技的图像资料而稍感惊异,看来以前的那个印象应该改一改了。

后来看了书中内容,并注意到原文书名,才知道作者想通过这本书做一件什么事情。他是想告诉读者,中国古代是如何通过绘画来反映技术的。他的这本书,确实成功地改变了我们先前认为中国古代缺少科技图像资料的认知,但更重要的是:他是通过什么途径做到这一点的?他的做法对我们有什么启发意义?以及白馥兰(Francesca Bray)提出的"科技绘图中的科技成分与发明或技术成就的关联性有多么密切",这些问题更值得我们思考。

刘兵: 你敏感地注意到了对中国科技史从绘图的角度进行研究的新意,这确实是中国科技史研究的新推进。不过,我觉得,倒也不宜过于夸大现在我们所谈的这本书的开创性,尽管它对于国内的中国科学史研究者们还是很有启发性的。因为,随着文化研究领域中视觉文化研究的兴起,在广义的 STS 研究领域,以科技为对象的视觉文化研究也已经热起来有些年头了。这样的研究在科学传播等领域,也都因其新的视角、新的解释策略而引人注目。当然,这样的研究自然也影响到了科技史学科。好多年前,白馥兰等人就曾在此方面进行了大量有趣的研究,而且还编出了一本颇有影响的书:《中国技术知识生产中的图形和文本:经线和纬线》。

其实,在人文研究各领域广泛交叉的背景下,STS的研究对象一直在扩展,从文字(文本)到图像就是其中之一,后来还有对声音的研究等。在研究对象的这种扩展中,一个很重要的特点,就是随着视角的变化,相应的研究方法、分析解释、概念框架等也有新的发展。以对图像的视觉文化研究为例,其中解释学的方法就被比较普遍地利用了。

当研究者有了这样的新视角和新的解释策略之后,自然也就会发现许多以前不曾注意到的新东西,这就不仅仅是对中国古代从原先的"左图右史"传统,到后来的"图衰史盛"在内容上的恢复和纠正问题了。

江晓原: 此书在拓展中国科技史图像资料方面做了不少努力,甚至还在理论上有所思考。例如作者提出了这样一种观点：

> **无论如何界定"从业者"这一术语，现存的由技术"从业者"绘制的中国插图都寥寥无几……在中国，很大一部分的技术性图绘并不以传达技术信息为目的，或者说不以传达技术信息为主要目的。**

这样的想法还是相当具有启发性的。首先这有助于我们拓展寻找中国古代科技图像资料的视野，因为先前我们习惯于在（被我们认为是）"以传达技术信息为目的"的图像资料比较集中的著作中寻找，而这样的著作不外乎《新仪象法要》《天工开物》《灵台仪象志》等有限的几部而已。如果我们认识到，在"不以传达技术信息为主要目的"的作品中，同样可以找到有关中国古代科技的图像资料（不管绘制者的目的是什么），那我们的研究对象就可以得到很大的拓展。

其次，这个想法是有一定深度的，因为他注意到了"从业者"的界定问题，而这个问题之前很可能是被许多研究者忽略的。例如，《天工开物》的作者宋应星能不能算书中所记载的各种工艺的"从业者"呢？显然是不能算的。而《灵台仪象志》中的大量工艺插图，虽然有不少是从欧洲的有关著作中移植过来的，但考虑到南怀仁作为那六台大型天文仪器的"总设计师"和铸造工程的"总工程师"的身份，认为《灵台仪象志》中的各种插图是出于"从业者"之手，则至少是有一定道理的。

刘兵：当然，像你这里所说的从业者的概念，确实是很值得深入探讨的。不过，因为对"图"类文献的视觉文化研究已经存在很多年了，在西方科学史中也应用得较多，那么，对比中西，是否更能发现一些具有启发性的特殊问题呢？

例如，此书中提到，传统农耕画中所描绘的技术往往只是作为副产品，但"如果大多数观者对主题都有一定的了解，那么使插图准确并包含所有重要的细节就变得不那么重要了……观者只要凭借自己的想象力，甚至只是出于本能，就可以做出必要的修正，或者填补缺失的部分"。

就此，是否还可以更进一步延伸？中国传统的技术传承方式，是师徒之间的"口传心授"，这与西方后来流行的将一切细节都以图文记录下来的方式，本质上就有着巨大的区别。但问题是，中国传统的技术传承方式的效果究竟如何？是否也以这种独特的方式保证了技术的延续，甚至更好地保留了那些细节记录不能充分反映的、更有具身性意味的知识和技能呢？

此书作者在结语部分，又专门讨论了中国古代"科技图绘中的非技术性目的"，其中有句话说得非常精辟："在考虑中国前现代时期的科技图绘时，要摒弃的最重要的假设之一是：这些图绘主要是对我们所认定的'技术性'的需求或关注点作出回应。"

实际上，这已经是一种对科技史领域的图像研究采取多元标准的思维了。那种认为中外一切科技图绘都是为了满足同类需要的想法，就像要求中外都只能有一种类型的科技一样，在历史的考察中，显然是过于简单化了。

江晓原：你的问题非常好，例如"是否还可以更进一步延伸"的那个问题，中国和西方不同传承风格的效果，我恰好知道一个相关的例子。

此书第二章讨论"比例图与透视法"的那一节中，提到了中国佛教的大型壁画——作者主要引用了胡素馨（Sarah Frase）的成果。作者认为，这些大型壁画在绘制之前，应该有比例图或缩小尺寸的草图，"然而，我们在现存资料（必须承认，现存资料极为有限）中并没有发现有服务于这一目的的比例图实例……这一时期的佛像都体量庞大，那么在制作过程中应该用到了比例图，然而，并没有这方面的现存实例，甚至连表明使用了比例图的参考文献都没有"，于是作者和胡素馨就将一个未解之谜留给了读者。

其实，比例图的想法，纯粹是作者从西方绘画的实践中得到的，但是作者和胡素馨可能完全没有注意到，从中亚传入中土的佛像绘制/塑造传统工艺中，另有一套奇妙的方法，根本不需要西方人想象中的比例图。这套方法是这样的：通过一系列具有固定比例的几何图形，包括直线、圆、垂直中分线、对角线等，就固定了一个佛像的所有要素，匠人只需据此绘制/塑造即可。由于固定的只是比例，所以无论需要多大尺寸的佛像，都只需按照同样的要素制作即可。

我们也完全可以将这套由几何图形构成的佛像要素系统，视为一种"万能比例图"，它显然比此书作者所设想的比例图更为先进，更为好用，也更容易传承。我想，对于你上面"是否也以这种独特的方式保证了技术的延续，甚至更好地保留了那些细节记录不能充分反映的、更有具身性意味的知识和技能"的问题,这个关于佛像制作的案例,至少能够在一定程度上给出一种相当出人意表的回答。

刘兵:由此来看,当科学史的研究者发现了一个新的视角,一种新的研究对象,以一套新的思路去研究时,显然是可以得出诸多很有新意的发现的。对图像的视觉文化研究,显然就属于此类。

在此书中,对不同时代的"耕织图"有不少的讨论。不过我觉得,在此书的讨论中,作者是把不同类型、不同目的的图绘放到一起来说的,并且就像前面我们分析的,经常是以西方视角来说。耕织图,就其本来的目标,就是传播秉承皇帝意志的"劝农"观念,应该并不是为了记录保存农业生产技术细节,如果针对这样的图绘去讨论其对技术细节的描绘是否准确,那不也是一种在讨论对象分类上的混淆吗?

这是不是也可以构成一种提示,即在研究中有了一种新的视角和对象时,依然需要警惕某种潜在的前入之见和预设,当我们只把涉及技术的绘图对技术细节的记录和描述当作关注的目标时,就可能会把本来不同类型,并不以记录传承技术为导向的绘图也用来分析其是否符合西方某类技术性绘图的标准。

这似乎也适用于分析西方绘画。当我们在一些名画（或者非名画）中，看到某些科学仪器时，当然可以用之分析相关的科学文化影响等，但却并非一定就要分析绘画中的技术细节是否准确吧？

江晓原：关于绘画的目的是不是传递技术信息，此书作者也提到过，认为需要注意区分，这和你的想法应该是一致的。

不过我在此书中发现一个问题，不知是作者掌握资料不全面，还是现有研究成果本身的局限——此书主要基于西文的研究成果来展开论述，极少使用论述中国古代科技绘图的当代中文成果。呈现这一现象的原因，究竟是因为作者无力广泛阅读中文研究成果，还是因为这样的成果本身确实非常稀少？以我见闻所及，这样的成果确实相当稀少，这可能与国内的科技史研究学者还没有对中国古代科技绘图投注较多的注意力有关。如果情况真是这样，那此书的问世（2015年）和中译本的出版，倒是能够对这方面的研究形成一个有力的促进。

刘兵：我觉得，你的判断应该是正确的，即国内虽然也有类似对科技绘图的研究，但在数量上，毕竟还是很少。或许，这一方面与我们长期以来坚持的史学传统有关，另一方面，也与对视觉文化等相关研究新发展的关注不够有关。当年我在上海交通大学指导的博士生宋金榜所做的关于科学史中的视觉研究进路的博士论文，就其发现的中国科学史界的有关科技绘图现代研究文献、理论贡献和实践研究应用来说，也同样是有类似的发现的。

> 也许，这再次提示我们科学编史学的重要意义。这里并不是只讲科学编史学的纯理论研究，而是指一种科学编史学的观念意识——对于学术界各领域的新进展及其在科学史研究中的应用的一种敏感。

或许，等再过许多年，当那时的历史学家回望如今人们过于相信"有图有真相"的读图时代（这还不算当下人工智能"制造"出来的那些现实中并不存在的图像），同样从图的角度，又会有不少更不一样的历史发现和结论吧。

一位德国学者眼中的中国技术文化史

江晓原：这本《工开万物——17世纪中国的知识与技术》的作者是现任德国马普科学史研究所所长，本名Dagmar Schafer，按照西方汉学家的惯例，她有一个中文名字——薛凤。

这本书是对明代中国学者宋应星的研究专著。宋应星以《天工开物》这部被誉为17世纪中国的工艺百科全书名世，这也正与马普科学史研究所重视中国工艺技术史研究的传统相合。所以，此书虽属在我们的专栏中涉及较少的类型，却是一部从各方面来看都融洽自然的著作。

江西省图书馆发现的四种宋应星佚著，在"文革"末期出版，即《野议·论气·谈天·思怜诗》。我手中的版本，是上海人民出版社1976年6月第1版，定价0.47元人民币。封面上是繁体字，内文却是简体，然而又采取直排，显得不伦不类。

宋应星以《天工开物》名世是恰如其分的。在薛凤的书中，宋应星的各种著作都涉及了，只有《思怜诗》

基本上没有引起她的注意。这也是完全正常的，因为这些诗（10首"思美"律诗和42首"怜愚"绝句）实在乏善可陈。

刘兵：按照通常的分类，关于宋应星的研究，应该被归入中国古代技术史的领域。你对宋应星的著作及文笔的评价，可能出于不同的关注点，我可能更关心另外一些编史学方面的问题。依我有限的了解和印象，似乎以往国内对宋应星的研究，大多是关注具体的技术方面，但薛凤这部著作，却给我一种非常不同的感觉。她显然不是就技术来说技术，相反，作者有着更宏大的抱负，就如她所说，从跨文化的视角来透视知识的生产，既潜藏着伟大的机遇，又是巨大的挑战，"我们面对的挑战是：必须将这种日益壮大的意识发展到极致，用它来踢开那些显而易见的，以及深藏不露的各种成见"。

她将宋应星的著作当作一个检验性的个案，并以此来凸显知识产出的原初过程。在具体研究中，作者又把研究对象置于更大的社会文化背景当中，将晚明时期的宇宙观等引入，对"天工开物"中的"天工"给予新的分析解释，并讨论"天"与"人"的关系，进而提出在宋应星对工艺知识的探求中，人唯有敬仰宇宙的原则，在行动上与其保持一致,而不是要变成它的"制造者"。基于这样的视角,在薛凤构造的宋应星著作图景中,"天"是一个自然而然的权限,是"气"的另一种展现,而"气"让世界具有一体的共性。这样,"气"也就自然而然地成了作者讨论的重要主题之一。我觉得,这恰恰是在宋应星案例中引入了一种新的编史观念,是颇有新意的。你的意见呢?

江晓原: 对于我们受过现代科学训练的人来说,认为一切技术都是由科学理论来支撑的,是非常自然的事情,于是当我们面对古代文明所创造的技术成就时,我们或者用"现代科学"作为标尺去框限或筛选古人的成就,或者对下面这个问题假装看不见——这些古代文明创造出这些技术成就时,并不存在科学理论的支撑,那它们是靠什么来支撑的?

或者换一种问法:用非科学的理论,比如阴阳、五行、《易经》、八卦或"气"来支撑或指导,能不能产生符合"现代科学"标准的技术成就?从历史事实看,答案当然是肯定的。一个典型的例证就是宋应星《天工开物》中所记载的种种技术成就,它们几乎都没有任何"现代科学"的理论支撑。显然,薛凤在这部专门研究宋应星的书中，无法回避这个问题，或者说无法对这个问题假装看不见。这样，她就不得不认真对待宋应星的《论气》和《谈天》了。

说实在的，在我购买《野议·论气·谈天·思怜诗》的时候，以及在此后很长的时间里，我都对宋应星《论气》和《谈天》中的论述嗤之以鼻，不屑一顾，认为那不过是古人在没有"科学理论"情况下的幼稚猜想或胡扯。我相信今天许多人也是这样认为的。只有当我们研究了科学技术史，并且不再假装看不见上面那个问题时，宋应星的《论气》和《谈天》之类的著作才有可能获得某种"应该被关注"的地位。当然，关注是一回事，分析和论证是另一回事。要想令人信服地给出对上面那个问题的阐释或解答，是非常具有挑战性的。

刘兵：其实对于不同背景的学者，其"信服"的依据也是不同的。如果仍然站在传统的只就技术关心技术的立场上，那么，无论是什么样"外在"的解释，都很难令其"信服"。所谓信服者，只是在前提上认为超出传统框架的解释仍有合理性的人。

可以说，薛凤的著作，恰恰是将这种在传统的研究中被视为"外在"的因素自始至终地置于其研究之中。

正如她所说的:"在宋应星和他同时代的人那里,'笔记'中蕴含的'并非无关轻重的社会性讯息以及伦理说教'比'那些精细的观察'更为重要。"她除了将"气""理""天""人""阴""阳""五行"等概念作为分析的重要线索,更将宇宙观和社会性的要素作为重点来讨论。这显然大大地超越了我们过去国内研究中常见的技术史研究范式。

我想问你的是:从你的阅读感觉来判断,从学理、逻辑和解释性来说,薛凤这种研究(比如可以集中在她对"气"与宋应星的技术描述的关系上),你会如何评价呢?

江晓原:薛凤显然已经注意到了前贤关于"气"与中国古代技术成就之间关系的研究。她相当重视席文(N. Sivin)的意见,在书中多有引述。例如,席文认为,"气这一概念保持着让自己在人类思想的所有领域都可堪使用",席文还认为,"作为科学概念和医学概念,'阳'和'阴'正如 x 和 y 一样。它们是进行抽象提炼的基础,在其上可以从'形而下'情形的多元性当中蒸馏出一种'形而上'原则,一种仍然可以用在一切'形而下'情形中的'形而上'原则"。席文的上述意见,基本上还是将"气"和"阴阳"视为某种表达系统。也许他并未试图阐明，这样的系统是否能够对中国古代的技术成就提供有效的支撑。当然，由于这个问题是我"强加于人"的，薛凤同样没有义务在她的书中正面回答。

在解答这类难以获得确切答案的问题时，类比经常是一个不失为有用的手段。这里我又想到一个类比：中国古代的"浑天说"宇宙模型中，虽然也有着与古希腊类似的"地圆"概念，但是却无法从这种模型中引导出任何具体的数理天文学，例如甚至无法用这种模型计算出某一时刻太阳的地平高度。换句话说，中国古代的数理天文学不是靠"浑天"宇宙模型来提供理论支撑的。那么类似地，我们是不是可以认为，《天工开物》中的技术成就，也不是靠"气"或"阴阳"理论来支撑的？

刘兵：现在我倒有点不同意你刚讲的这个观点了。当然，这里还涉及对于"支撑"的理解的问题。因为，《天工开物》中所言的技术成就，与古希腊的数理天文学恰恰是非常不同的东西，因而这样的类比也许并不十分恰当。不过，倒是可以举出另一个类比：中医，难道不是由"阴""阳""五行""寒""热"及"气"等理论来"支撑"的吗？当一位中医大夫以中医典型的方式来诊断并进行治疗时，其依据、支撑的理论，不正是这些东西吗？

如果是站在当代西方科学的思维模式下，固然可以把这些看作是"类比"，甚至"附会"，但如果换一种立场，其实完全可以将这些在中国哲学的意义上非常独特而且有别于西方思维的"理论"看作是在逻辑上非常自洽的支撑！

或者，我们可以再设想一个例子。当今，设计建造高楼大厦，当然可以认为是牛顿力学之类的理论作为其"支撑"，然而，当年在设计建造著名的赵州桥时，那些工匠并无牛顿力学可用，难道他们就是在无支撑的情况下建造成功的吗？所以说，我觉得，当我们谈到所谓"支撑"时，经常会不自觉地受到当代观念的影响，而实质上，说支撑，或理论支撑，其实就是提供了一种自洽的解释系统（这不同于你对席文的说法总结的"表达系统"）。在科学史上，燃素说、以太说，不也都是为当时人们解释自然现象提供了"理论支撑"吗？

正是在这种意义上，像薛凤这样将宋应星及他那个时代对技术的理解纳入更为哲学化的、涉及对自然之理解的像"气"这样的解释中，我觉得确实是有其道理的，避免了我们再用后来的隐含的理解去看当时的技术问题。

江晓原：我们之间的分歧其实并没有表面上看起来的那么大，主要是我们对于"支撑"这个词的理解有所差异。你举的赵州桥的例子很好，这和我以前用过的弓箭的例子堪称异曲同工：我们在先秦时代就能制造强弓硬弩，而这显然不是靠关于弹性材料的"胡克定律"来支撑的。

我的意思是，我们当然同意古代中国的各项技术成就都是有理论支撑的，只不过这些理论不是现代科学的理论。

其实更直白一些来说，我想你的意思是不是这样：表达或解释，就是支撑，或者至少提供了一部分支撑？如果是这样的话，那我们在原则上就没有分歧了，因为我可以同意这样的想法。只不过在这样的意义上，这种支撑和西方的典型例子——比如托勒密宇宙体系对数理天文学提供的支撑——相比而言，没有那么直接和显而易见。

如果我们在这一点上能够达成共识，那我相信我们对薛凤教授《工开万物》一书的评价就更能达成共识了。

她的书不仅深入讨论了我们感兴趣的问题,而且是非常富于启发性的。

刘兵: 我基本上同意你的意思,但还需要一点不是作为"支撑"的解释。其实这个问题还是比较复杂的,在有些情况下也许是这样,但在另一些情况下,例如在前面提到的中医例子里,那些基于"阴""阳""五行""寒""热"及"气"等概念范畴的理论,已经是很系统、很完整的理论了,并且指导着实践,那就不仅仅只是表达或解释的问题了,而是真正意义上的"支撑",且不只是"一部分支撑"。

在这个问题上,有两点似乎是值得注意的。首先,人们在受到当代教育而形成的"缺省配制"的背景下,会不自觉地持一种一元论的观点,总认为对于某个对象、某种事物的认识,只能有一种"正确"的理论,因而会把那些与自己接受的理论不同的理论当作是错误的理论,但对于"为什么只有一种理论正确"的道理,却并未有更深入的思考和论证;其次,是经常会忽视在不同的理论之间并不一定有完全的可通约性,即不一定在所有的情况下都可以用一种理论去说明和解释另一种理论。

总之,薛凤教授这部著作,不管是不是能让所有研究中国古代技术史的人都信服地接受其观点（这几乎就是不可能的），都必须承认它确实在对宋应星和中国古代技术史的研究领域开辟了另一种路径，提供了另一种可能的新思路。

 透视希腊、中国的科学与文化

江晓原： 劳埃德的《古代世界的现代思考——透视希腊、中国的科学与文化》一书，论题很宏大，态度很严肃，以至于我觉得需要以一段八卦来开始我们的对谈了。

你肯定还记得，大约15年前，我们一群朋友在电子邮件中为"科学"的定义应该取窄还是取宽爆发了争论，两派互不相让，最终也没有达成一致，真正是"君子和而不同"了。这场争论在我们圈子里留下了"宽面条"和"窄面条"的典故，时常被人引用。在当年的争论中，你是坚定的"宽面条"派，而我属于"窄面条"派。

在这本《古代世界的现代思考——透视希腊、中国的科学与文化》中，劳埃德在这个问题上恰恰是"宽面条"

派。劳埃德这本书,实际上是一些演讲稿的集结,不过劳埃德修订了这些讲稿,并细心将它们"焊接"起来,而且在起承转合之际尽量做到平滑过渡。

由于上面这个原因,此书的主题就不可能不宏大了。说实话,这么宏大而宽泛的主题,也就是劳埃德这种德高望重、功成名就的人(已经因"对思想史的贡献"而被英国女王封赐为爵士)去尝试玩一把还差不多,别的学者多半会望而生畏。

刘兵:说这本书主题宏大有道理,但从另一个方面看,也可以说作者在处理这样一个宏大主题时,采取的策略是很得当的。翻开目录即可看出,他实际上是从若干主题(当然这也与你提到的此书由系列演讲生发而成有关)切入来讨论这个宏大论题的。

无论是通过详细地阅读全书,还是仅仅简要地浏览一下译者序,读者都会发现,其实此书与其说是历史考察,倒不如说是历史反思,因为此书有很强的理论色彩,也很有科学编史学的意味。例如,作者在开篇就探讨的对于一个古代社会,我们怎么才能够去理解,又能获得多大程度上的理解的问题,以及古代世界有没有科学的问题,形式逻辑和它的规则在多大程度上或在什么意义上是普遍有效的?关于真理和信仰及其与跨文化之关系等。如此等等,这些问题,几乎是典型的编史学问题。也就是说,此书并不是对古代希腊与中国的科学史的系统梳理,而是作者在对古代历史长期研究的基础上,试图对一些历史研究中关键性的问题进行理论思考并给出其回答。

江晓原:你看到此书的科学编史学意义,倒是别具只眼,这当然和你长期关注科学编史学问题有直接关系。这一点我非常赞成。你对译者序的评论,也非常准确。

将劳埃德归入科学定义问题上的"宽面条"派,这丝毫没有牵强附会之处。在此书第二章"古代文明中的科学?"中,他相当深入地讨论了应该如何定义"科学"这个问题。首先引起我注意的是,他将"科学"与"正确"的关系引入了这个问题。因为古代文明中的许多知识和对自然界的解释,在今天看来都已经不再"正确"了,这成为那些认为古代文明中没有科学的人所持的重要理由。但是劳埃德指出,"科学几乎不可能从其结果的正确性来界定,因为这些结果总是处于被修改的境地",所以他认为,"我们应该从科学要达到的目标或目的来描绘科学"。记得几年前我倡言"科学不等于正确"时,曾被一些人士视为离经叛道，甚至要出来'驳斥"，尽管这实际上应该是科学史中的基本常识。现在看到劳埃德的上述观点，真是别有会心了。

那么什么才算是"科学"的目标呢？这实际上仍然是一个定义问题。劳埃德的定义是，"理解客观的非社会性的现象——自然世界的现象"。也就是说，抱有上述目标的活动和成果，都可以被视为科学。这确实是一个非常非常宽泛的定义！按照这样的定义，任何有一定发达程度的古代文明，其中都会有科学。看看，劳氏的科学"面条"，可谓宽矣！

刘兵：其实，劳氏的面条之宽，也是有他的道理的，并不完全只是一个定义尺度选择的问题，而是涉及我们通常所说的"科学观"，以及我们如何看待人类认识自然知识的根本性问题。劳氏长期以来专攻古希腊研究，一方面，这样的研究通常是在与近现代科学相关的意义上展开，另一方面，如果真正深入到历史口，古希腊的"科学"与西方近代科学之差异,也会被明显地注意到。只是长期以来，人们过多地关注前一方面，而后一方面，却是真正有历史感和历史理解的人，才会注意到并有所发挥的。劳氏在此基础上又把中国古代科学拉进来进行比较，就更有意思了。

其实，说到任何有一定发达程度的古代文明，其中都会有科学，这样的观念，在西方当下一些基础教育改革的理念中，已经是被采纳的观点（反观我们国家作为基础教育之基础的科学观却大不一样）。不过，难得的是，像劳埃德这样的老一辈学者，能够有如此开明的见解而不是因循传统观念。

以往在我们关于"宽面条""窄面条"之争时，有一点是有意思的，双方其实都只是在命名和逻辑的意义上采取不同的定义，而在对人类知识的多样性、"窄"科学之局限性等方面，并无太大分歧。但尽管如此，看到劳氏的"宽面条"，我还是不禁倍感高兴。

江晓原：其实不是"并无太大分歧"，而是几乎就没有分歧。我们的科学定义"宽窄之争"，实际上只是技术或策略层面的不同，相关的目标和基本价值观念是一样的。所以，看到劳氏"这样的老一辈学者，能够有如此开明的见解而不是因循传统观念"，我们不仅应该"倍感高兴"，同时还应该由此看到，国内学术界在如何看待科学技术这样的问题上，仍是相当落后的。

不过，研究、对比古代中国和希腊的情形，能在多大程度上对当今我们所面对的处境有所帮助,这一点劳氏的说法似乎有些牵强,至少有点"卖什么吆喝什么"的感觉——是不是将自己多年研究的古代思想史的意义估计得过高了一点?

最后,关于此书的阅读印象,也需要说一两句。此书比我原先预计的要好读,论证也是流畅清晰的。这究竟是劳氏本人文风宜人,还是译笔高明?或者说,这两个因素分别起了多大作用?

以上两点,都想听听你的意见。

刘兵:关于研究古代历史——在劳氏这本书中是关于古代希腊与中国的历史——对于我们现在有什么帮助,有什么价值,这本是典型的编史学问题。

说到这种帮助或价值,无非可从直接、间接的关系来讨论。劳氏的态度是有些乐观,对价值的估计较高,而我知道你一直鼓吹对历史(以及科学史)的"坦坦荡荡说无用"。但我觉得,在间接相关的意义上,毕竟我们是可以建立一些价值的,而你我多年之所以还在此领域中劳作,恐怕也与对这种间接价值的认同不无关系吧?

对于此书文字的好读,我想,也许作者和译者两方面的因素都是存在的。不过,你的高徒能译出佳作,除了是你培养之功,还提示我们,在科学史学生的培养中,对翻译问题应更加重视。

总之,就这本书来说,一位当代英国勋爵眼中的古代世界,这两者间本来就存在着极大的反差,而这种反差,恰恰给我们的阅读和思考带来了有趣的看点。

 **科学圣徒和他对于中国的学术意义**

江晓原: 这个话题开始之前,让我们先聊一个当年的科学八卦吧。安德鲁·布朗在《科学圣徒——J·D·贝尔纳传》中文版序中说,1954年贝尔纳访问中国时,曾被要求提供一个适合中国大学博士生(研究论文)选题的清单。布朗相信,贝尔纳"显然能够拿出数十个好主意来",不过他不知道当时贝尔纳的这些主意有没有被中国采纳,也不知道这些主意对当时正在快速成长的中国科学界产生过什么影响。布朗认为,此事对于当今的中国科学史研究者来说是一个有趣的课题。这个看法我十分赞成——它本身就可以成为博士论文选题。

引起我对这一则八卦感兴趣的原因，至少有两个：

一是如今有价值的博士论文选题已成稀缺资源。不信你随便找一位博导，让他当场开列"数十个"博士论文选题试试？当然，在这则八卦的叙述中，布朗的措辞可能会引起一点问题——在1954年的情况下，"中国大学博士生选题"和今天同一措辞的意义显然不可同日而语。如果一定要类比，我想这至少应该相当于今天的"国家自然科学基金重大项目"吧？

二是更为广阔的历史背景。J·D·贝尔纳（Bernal）生于1901年，那个时代的英国知识青年中，有一个非常时髦的现象，正如布朗在中文版序中所说的，"就像许多一战后的学生一样，他的政治信仰被塑造成了反帝国主义、反资本主义，并且相信苏联布尔什维克革命的承诺"。当我们谈论贝尔纳时，这应该是一个十分重要的背景。

刘兵：我倒是没想到，你会先提出这个有些"八卦"的话题。当然，这不能算是一个完全八卦的话题。因为我们商定要谈贝尔纳。其实还有另一个背景，即我们这一代在国内学习科学史和科学哲学的人，从一开始，差不多没有没读过贝尔纳书的人——毕竟，那时国内有关科学史、科学社会学等方面的资料奇缺，而贝尔纳的两本书《历史上的科学》和《科学的社会功能》是当时为数不多相对方便找到的读物。

不过，聊到你说的这件轶事，还需要再讲一些你还没说清的背景。从你说的那篇序来看，当时贝尔纳来访时，还曾"大多数时间都在做报告，经常每天四五个小时，演讲的科学主题也非常广泛"，但作序者却没有提及这些报告的题目是什么。

把这两个背景再结合起来，也许我们还可以存有疑问的是，在当时那种特定的形势下（当时科学界的国际交流并不多），邀请贝尔纳来访、做报告，甚至要求他提供博士论文的选题时，究竟是主要把他当作一位著名的科学家呢，还是一位以科学作为对象进行历史和社会学研究的专家？抑或是两种身份兼具？相应地，我也可以据之猜想，当时请他提供博士论文的选题，是想要他提供具体的科学研究的选题呢，还是科学史或科学社会学的选题？

这样的疑问显然是有一些潜台词的，因为我们这次会选择谈贝尔纳的传记，正是因为他的科学史家、科学社会学家的身份及其在中国的影响。

江晓原:虽然我们是因为贝尔纳的科学史家和科学社会学家身份而选择他的,但我几乎可以肯定,当时中国主要——如果不是完全的话——是将贝尔纳视为一位科学家来接待的,对他的期望也主要是在科学方面。因为在那个时期,科学史、科学社会学之类的学科领域,几乎还没有进入科学技术领袖人物的视野。

这样的推断是合乎常理的,因为中国当时急于将非常有限因而显得极为珍贵的资源用到"一阶"的科学技术发展上去。这让我想起已故何丙郁教授在谈到李约瑟——注意布朗将李称为贝尔纳的"伟大朋友"——时曾说过的一段话:"可是引述一句一位皇家学会院士对我说的话,院士到处都有,我从来没有听说李约瑟搞中国科技史是英国科学界的损失;可是在20世纪50年代,要钱三强或曹天钦去搞中国科技史,恐怕是一件中国人绝对赔不起的买卖。"我前面将布朗所说的贝尔纳的选题类比为"国家自然科学基金重大项目",而不是"国家社会科学基金重大项目",正是出于对这种背景的认识。

现在我们可以回到贝尔纳本人身上来了。是不是可以这样说:由于特殊的历史背景,包括那个时代的意识形态背景,类似贝尔纳、李约瑟这样的科学家,总是会在社会主义国家受到特殊的欢迎？如果这个判断可以成立，那么随之而来的，对于他们的学说或著作在中国一两代学人心目中获得的某种特殊地位（例如你上面所说几乎无人不读贝尔纳书的情形，此书中译者在"译后记"中也生动展示了这方面的例证），我们做分析和评价时，也就需要注意这个维度了。

刘兵：你看，这样说来，就可以将当时的某些背景显示出来了。由于当时我们这个领域读物的匮乏，可以说我们这一代人从一开始就是在（精神、学术）食品的短缺中成长起来的，是先天的营养不良，当然这种营养不良甚至会有某种后遗症。我还清楚地记得，在20世纪80年代初我在准备考科学史专业的研究生时，复习时竟然几乎找不到正式出版的科学史著作。

一个相关的例子是，应该大约也是在那时吧，丹皮尔的《科学史》的出版，也对我们这个领域影响很大。直到今日，许多论文和著作的参考文献，甚至在一些研究生的考试中，都会经常见到这个一百多年前首版的"古老的"科学史作者的名字。为什么丹皮尔的书当时也能出版，具体背景我不知道，但发展到后来，似乎出现了另一种情况，即丹皮尔的《科学史》似乎比贝尔纳的《历史上的科学》在中国科学史界和其他相关领域的影响要更大一些。你觉得这又是为什么呢？

江晓原：我猜想，一个重要原因，是丹皮尔著作中的意识形态色彩比较淡，而贝尔纳是"相信苏联布尔什维克革命的承诺"的人，在他的著作中，或多或少会有这方面的影响吧。当然，要对这样的猜想进行学术论证是非常困难的。

布朗在《科学圣徒》中，对于贝尔纳与社会主义国家之间的特殊关系有不少论述。他说贝尔纳认为自己"是一个世界公民，立志尽他所能，用纯粹的应用科学为发展中地区造福"。贝尔纳多次到"他喜欢的国家"去度长假，这些国家里当然包括苏联和中国，通常都是由这些国家的科学院出面邀请。布朗说，贝尔纳对于这些邀请"不知疲倦并且容易请到"。在第19章中，布朗也顺便证实了我前面的一个猜想——中国是将贝尔纳作为一位科学家而不是科学史家或科学社会学家来接待的。布朗用稍带夸张的语气写道："对于资源有限的新兴国家，'圣徒'就是物理学、化学、晶体学、材料学和冶金学、建筑业以及农业专家。"

刘兵：话题到了这里，我会联想到两个问题。其一，是关于贝尔纳的科学史和科学社会学著作对于中国学界的影响，我们应该如何评价。其二，在仔细阅读此书时，人们会发现，在这样一部关于贝尔纳的详尽的长篇传记中，除了科学工作、生平、社会政治活动之外，竟然没有专门的章节对我们更熟悉的贝尔纳的科学史家和科学社会学家的身份和工作做专门的介绍，只是在不同的地方，曾简要地提到了他的《科学的社会功能》一书中的一些观点。由此，我们是不是能够推论，就连在这本传记作者那里，也根本没有重视贝尔纳在科学史和科学社会学中的贡献呢？

如果这种推论成立，那么，对于回答我刚提到的第一个联想，也许就提供了另外一种可以参考的评价背景。也即，贝尔纳本人在国际上的科学史和科学社会学领域中，地位和影响究竟是怎样的？就是在当年中国学者很少能够读到西方的科学史和科学社会学著作的中译本，但因为种种原因贝尔纳的著作却得以一枝独秀的情况下，我们这个领域中，早期被引进的到底是什么样水准的学说？

江晓原：正如你已经注意到的，《科学圣徒》的作者布朗甚至没有为贝尔纳的科学史和科学社会学工作安排专章——需要注意,此书包括"尾声"在内共有23章之多。对于这一现象,一个最容易想到的合理解释,当然就是:布朗不认为贝尔纳的科学史和科学社会学工作具有任何重要意义,值得在一部有23章的传记著作中为它们安排专章。而且,布朗的这种判断,在西方学术界,好像还不是特立独行力排众议,而是至少具有一定的普遍性。

刘兵:随之而来的问题,就是我们如何看待、评价贝尔纳的科学史和科学社会学著作的影响了。

在以科学为对象的人文研究,即像科学史这样的学科的发展初期,一些科学家而非科学史的专业人士的著作,曾在学科的发展中起了重要的作用。其实,当时职业的科学史家还为数甚少,而且与后来不同的是,即使当时为数不多的职业科学史家也大多是科学家背景,而非受过具有人文倾向的专业科学史教育的科学史家。当然,科学家到科学史这类学科客串的传统,直到今天也还在继续着,也仍有少数做得非常出色甚至影响很大的,例如齐曼的科学社会学著作《真科学》,还有原来为科学家后来成功转型成为科学史家(研究爱因斯坦和物理学史)的派斯(尽管对其科学史研究也仍有不同的评价),

但这些突出成功的事例毕竟是极少数。

在这样的背景下,我们是不是可以这样认为,贝尔纳的科学史和科学社会学研究在这些学科中,就算还有些影响,也不能说是第一流的,以至于连其传记作者都未曾认真看待。但由于在特定的历史条件下,其学术被较早地引进中国,对中国的学科发展又是有一定积极意义的。不过,在这些学科发展到今天,我们在前沿学术的意义上,也不必过于高估其学术价值了,而更应关注那些更能反映当下学术发展水平的作者和著作。

我们还可以看到的一个现象是,在中国更新一代的科学史和科学社会学等领域的学生中,贝尔纳的影响已经远远不像在更老一些代际的学者中的影响了。在中国,随着学科的发展,科学史也在告别其青涩的少年时代吧。

第四日

看科学家如何看待科学

看科学家如何看待科学

江晓原：如何看待科学，在这个问题上，中国和西方的科学家可能有很大不同。比如，《怎样当一名科学家——科学研究中的负责行为》中译本当年出版时引发了不少争论，我因为向来对这类争论不感兴趣，所以当时也没有太关心。最近重新阅读此书，意外发现它的附录非常有价值，值得讨论一番。

此书附录有两个文献：附录1是《1999年世界科学大会（WCS）文献选编》，附录2是《中国科学院院士科学道德自律准则》。而附录1的篇幅几乎占了全书的一半，其重要性至少在出版者看来是不言而喻的。

我的印象是，这个附录中的某些观点，其实已经被我们的高级科学官员所接受，至少是愿意考虑了。

刘兵：是的，我早就注意到了你说的这个问题。不过，你提出的这个问题还可以再细分析一下，即其中"某些观点"已为"我们的高级科学官员""接受"或"至少愿意考虑"。对此,我们可以说,在中国现有的体制下,高级科学官员接受了这种代表了国际科学界主流观点这件事,是很有意义的,尽管也本应该是正常的。但与之形成对比的是,我们国内的科学家共同体,对于类似观点的张扬却不那么明显,而一些号称代表科学家群体的人,却在大力地抨击着其中的一些观点,并力图把他们自己那些与这种国际主流看法不同的观点,说成是真正代表了科学界的观点,其做法给人一种逆历史潮流而动的感觉。随之而来的问题就是,我们国内广大科学家对这些已为高级科学官员接受的观点又持何态度?广大公众呢?在我们的科学文化传播领域中又是否已经充分地体现出了这些观点呢?

江晓原:我的看法可能要比你乐观一些,比如《科学和利用科学知识宣言》第39款说:"从事科学研究和利用从中所获得的知识,目的应当始终是为人类谋幸福,其中包括减少贫困、尊重人的尊严和权利、保护全球环境,并充分考虑我们对当代人和子孙后代所担负的责任。有关各方均应对这些重要原则做出新的承诺。"像这样的观点,我觉得在我们当下的科学文化传播领域中已经不时可见,当然和"充分体现"还是有一些距离。

至于有少数"号称代表科学家群体的人",确实发表了一些保守、荒谬甚至恶意的言论,但这些言论基本上只出现在无须负任何责任的网站上(比如自己个人的网站),在严肃的平面媒体上,其实并没有多少市场。

我们国内的广大科学家,对待这些已为高级科学官员接受的观点的态度,我推测应该是接受的人非常多——如果他们曾经注意到或有机会接触到这些观点的话。但是我担心可能很多国内科学家不一定会关心这些事情,因为像"世界科学大会(WCS)文献"这类东西,在我们这里通常会被认为是很"虚"的,而中国人总是强调"务实"。

刘兵: 这正是很关键的一点。因为就科学文化传播来说,至少在专业的科学文化传播工作者还几乎没有,或者说人数极少的情况下,科学家阵营本应在这方面起到很大的作用。而且,对于公众来说,科学家们的观点也经常会更有影响力。如果科学家共同体对这些先进的有关科学与利用科学的看法不感兴趣,没有了解,那肯定会极大地影响到公众对此问题的认识。

由此似乎可以说,对于类似《科学和利用科学知识宣言》中的观点，我们既要向广大公众传播，与此同时，也更要向广大的科学家们传播。尽管后者在中国现实情况下，可能由于对"虚"的问题不感兴趣，再加上目前体制所要求的相当极端的"务实"（比如只是追求成果的数量、追求经济的效益等），会对这些问题持有一种很淡漠的态度。但实际上，我们会看到，《科学和利用科学知识宣言》实际上正是国际上的科学家群体们提出的，其中的许多观点与科学史、科学哲学、科学社会学中当下的主流观点是很一致的。这似乎也说明，在这些领域中的观点，至少在国际的意义上，对科学家阵营来说并不是没有影响的。

另外一点值得注意的是，在中国传统的科普领域中，由于过分注重对具体科学知识进行传播，再加上比较传统的科学观，也很少传播类似的观点，因而，这也从另一个方面更说明了在某些方面与传统科普有所差别的科学文化传播工作的重要性。

江晓原：这么说来，西方的科学家群体恐怕比我们这边要超前一些，或者说，他们已经有了更多的人文关怀——《1999年世界科学大会（WCS）文献选编》基本上就是一个人文关怀的标本。这些文献表明，西方科学家群体已经开始关心这样一些事情：他们自己所掌握、所探索的知识，到底对人类的幸福起着或将要起着什么作用？

正是这种关心促使他们提出："敦促科学界、各国政府和各有关机构保证无条件地尊重社会和人的尊严。科学家应当遵从基本的社会和道德义务，始终恪守尊严、平等和尊重个人及反对无知、偏见与剥削人等民主原则。"（《科学议程——行动框架的解释性说明》第30款）

联系到当年某些西方科学家与纳粹德国当局合作的历史，以及当代大量欧美科幻影片中对未来独裁者利用高科技统治和管制人类的前景想象，上面这段话之有所指，就很容易理解了——他们始终担心科学知识被坏人利用所带来的巨大灾难。

刘兵：在《科学和利用科学知识宣言》中，还涉及"现代科学与其他知识体系"的问题，认为"现代科学不是唯一的知识，应在这种知识与其他知识体系和途径之间建立更密切的联系，以使它们相得益彰"。这也是一个很重要的问题，我们在西方一些重要的基础教育改革文献中，也会看到类似的说法，即我们应对那些在西方近代主流科学之外的其他"科学"知识体系,也予以一定的承认和重视。

> 其实,这也是一种宽容和多元的观点。在这种观点下,不容易形成强科学主义,也不会把许多我们还并不太明白的知识过分轻率地抛弃或斥为伪科学或反科学,而是作为人类多元认识中的成员来审慎地看待。

扯开些说,这样的倾向,与那种反对或者说不强求一元真理的观念,与那些认可多元文化价值的取向,与像后殖民主义中的那种否认西方近代主流科学是唯一正确、唯一可让人接受、唯一值得学习的倾向,与科学哲学、科学史和科学社会学中许多前沿的观念(这些观念之间是确有很多相通之处和共同倾向的),也都是相当一致的。而这些,在我们传统的"主流"科普中,不也正是缺少的,所以迫切需要补充的吗?要知道,这可不仅仅是来自"少数"研究科学的人文学者的"偏见",而是来自权威科学家阵营的正式宣言!

你看,这些科学家们也用了"宣言"这两个字,不过好像也没惹出什么麻烦。

多元并存才对科学与人文交流真正有益

刘兵：虽然以往也读过一些"科学大战"中双方的争论性文献，但阅读完《沙滩上的房子》后，还是对于这种争论的激烈，对于两个阵营之间的矛盾甚至于敌意的尖锐与巨大，感到震惊。当然，还必须强调，这种充满着火药味的争论，与那些来自"科学捍卫者"们的"非学术"批评，虽然有着某种表面的相似，但在学术的意义上，又有着极大的差别。

江晓原：我倒觉得这两者之间，也许有着某种深层的相似——都有争夺话语权的动机。应该承认，随着社会分工越来越细，科学共同体在争夺公众话语权方面其实没有优势——因为他们离公众越来越远，他们的学问，公众既难理解，也无兴趣（公众只需享用科学技术的成果即可）。如果借助媒体，则媒体从业人员多半也是人文的血脉，所以布罗克曼要拼命强调科学家直接与公众沟通的"第三种文化"。而某些人自命为"科学捍卫者"——尽管科学共同体根本没有邀请他们，只是他们争夺话语权的一种策略而已。

刘兵：争夺话语权是一个无可争议的事实。但在相关的争论中，至少应该有某些规则存在，才可以使争论变得对双方的学术发展都有利。否则，争论就变成一团混战了。可是，当一谈到规则时，居然也会让一些人恼羞成怒，那就实在没有什么可说的了。记得鲁迅曾说过这样的话，大意是在争斗中无赖好用粪帚，足令勇士止步。相比之下，国外在"科学大战"中的争论，激烈归激烈，总还是在形式上有某种规则。不过，当我们深入到争论的具体内容时，倒还是可以发现一些有意思的现象。这里我先不说了，你能不能先讲讲你在这本集中反映了主流科学共同体反对"科学元勘"之观点的《沙滩上的房子》一书中发现的有趣现象呢？

江晓原：这毕竟不是一本通俗读物，总的来说相当枯燥。比如，在"达尔文主义是男性至上主义者吗？"这样的章节标题下（翻译可能有点问题，一种主义不可能是人），本来人们可以期望看到有趣一点的内容，结果也是令人昏昏欲睡。诺里塔·克瑞杰抱怨后现代的"科学元勘"侵入了科学教育之类的领域，却也没有说出什么新意。

想想也是有点奇怪，科学怎么就变成了"板着面孔的妇人"（韩建民语），吸引不了人们去亲近她了呢？另一方面，后现代的"科学元勘"（它与伪科学之间，似乎也没有不可逾越的鸿沟），则像那些妖艳的女子，把公众的注意力吸引了过去，这正是令索卡尔们痛心疾首的事情。但是，原因究竟何在呢？

刘兵： 要详细分析个中原因，恐怕就不是一两句话能讲得清的事了，但我却注意到另外一些有趣的现象。在这本书中，由于编者的立场，所收录的文章对于当下"科学元勘"中一些重要的观点，一一进行了批判。但仔细读下去，会发现这些批判并不是那么有力，而且，由于一些文章采用了非常（在科学的意义上）学术化的论述方式，涉及许多技术性的细节，所以读起来让人感到很费力。但这也不是关键之所在，问题在于，批判者们所提出的各种论据，明显地体现出一种鲜明的传统的立场，即预先对后现代主义的"科学元勘"的有关命题持鲜明的反对态度，这确实表现出科学与人文某种现实存在的尖锐的冲突与对立。

而且，如果注意一下作者们的身份，也是很有意思的。可惜，在作者介绍中，没有作者的年龄，尽管年龄并不一定说明什么，但我猜想，其中一些应该也是从事人文研究（如哲学等）的人士，也许更多的是老一代学者吧（当然这只是猜想）。而且，在论及他们所批判的对象和内容时，其分析和论证似乎反而不如一些"科学元勘"的作者们那样思路清晰。

举一个例子，哲学教授平克林在其《强纲的"霍布斯—波义耳之争"的案例分析错在哪里》一文中，对经典的建构论科学史研究之作《利维坦与空气泵》的讨论，就表现出相当不专业的历史观，甚至会说出"所假设的在霍布斯的演绎主义和波义耳实验主义的二分法，在很大程度上，是夏平和谢佛颤抖意识地选择历史证据的编造"这样的话来。其背后，相当明显地隐含着"唯一"（而且只是与他的观点一致的）的真实历史之存在的假定，其文章最后一节的标题"结论：有色眼镜"，也暗示着历史研究是可以不戴"有色眼镜"的。实际上，他反而忽视了自己的研究其实也没能够回避"有色眼镜"的存在。又比如，对具有重大影响的"科学元勘"研究者柯林斯和皮克林的工作从实验（也许可以称为实验哲学）的角度进行批判的那位弗兰克林，以前在国内举行的几次国际会议上，我听过他的发言，感觉他虽然因其科学背景而关注实验的哲学研究显得有些别具一格，但毕竟给人们一种科学倾向太强而人文倾向太弱的感觉。幸好，这次在对他的简介中，是说他"爱好研究科学的历史与哲学"，这倒确切地表明了与被他所批判的那些人的"专业"研究相比，他的"爱好"在学术的意义上其实是很业余的。

江晓原：唯科学主义的立场本来就是一种狭隘的立场，站在这样的立场上讲话，自然就不容易雄辩。

我读此书，产生这样一个问题：倘若科学家对这些后现代的"科学元勘"采取听之任之的态度，会有什么后果呢？我认为，很可能不会产生什么真正对科学有害的后果。我早就说过，科学所导致的物质成就，足以保证它的权威性。有这样的保证在，就是让那些人"勘"两下，其实也无伤大雅，又何必神经过敏呢？

再进一步，如果双方采取积极对话的策略，对科学也是有益无害的。

不过，如今双方都生活在商品社会，大家都有世俗利害的考虑（公众话语权的争夺只是其中一个方面），那就不是仅从学理就能判断清楚的了。

刘兵：你的这种说法很有意思。国内现在与它相对立的观点，大致有两种，一种是干脆认为科学就是正确，就是不能"勘"之；另一种则缓和些，只是认为科学在中国还不够发达，我们还没有"勘"它的资本。对于前一种观点，站在人文的立场上，其问题之所在很明显，这里不必多说。对于后一种观点，你的说法却提出了另一种可能，即"勘勘"也无妨，这或许是有些道理的。

> **而且，允许人们"勘"科学，也允许人们"搞"科学，这种宽容的多元并存的局面，才是对科学与人文交流真正有益的。**

再有，《沙滩上的房子》一书，其基调是反对人们"勘"科学的，作为学术的引进，它当然是有意义的（其实，它所批判的许多"科学元勘"的内容，反而还未系统地被引进，以致人们一时还很难方便地通过阅读中文来真正对比和思考双方的观点），因为其学术性很强的内容与形式（正如你前面讲的难读），不会对公众有很大的影响。但同样需要警惕的是，它也可以（或者说肯定）会被某些唯科学主义者用作反对在中国对科学进行元勘式反思的武器。对此书的这种利用，如果限于符合规范的学术讨论，那将是有益的，如果以不讲规则的方式不负责任地、片面地用于面向大众的传播，那肯定是有害的。除了误导公众，还会加强在中国已经过分和畸形发展了的唯科学主义意识形态，而这无论对于国家的发展（不是那种片面追求"增长"的发展，而是可持续的良好发展），还是对于沟通科学与人文，都是有害而无利的。

今天到底应该怎样看待科学

江晓原：在《警惕科学》（田松著）的封底有这么一段危言耸听甚至是离经叛道的话："科学技术的负面效应不是偶然的，而是必然的；不是暂时的，而是长期的；不是局部性的，而是全局性的；不是可以避免、可以解决的，而是内在于工业文明的。"这是田松多年来反思科学、反思工业文明的一个相当激进的表达。

和20年前相比，反思科学技术，或者说"反科学主义"的一些思想，已经在中国逐渐被越来越多的媒体和公众接受了，但是田松由此进而反思到工业文明，并得出倾向于否定的结论，这还不太容易让人接受——尽管从内在逻辑上来说似乎是顺理成章的。

这里会出现这样一个问题：如果工业文明都要否定，那么你想让人类过什么样的生活才合适呢？停留在农业文明？甚至更早？那会不会引导到"人类还是灭绝了最好"这样的结论上去呢？这是田松的立场必然面临的问题，但是在《警惕科学》中，我似乎没有找到对这一问题的应答，也没有找到这种应答的理论预案。

刘兵：在我们这个"小圈子"中（特意这样说是因为这已经预设了这个小圈子在一些观点上与常见的主流观点有所不同这样一个前提），田松是一个非常有特色的学者。套用时下流行的说法，他的许多观点，确实是很有"创新"性的。虽然你我都并不喜欢目前在大多数场合下对"创新"一词的使用方式，但在这个词的原意上，说田松的观点有创新性却是中性或者褒义的。因为他的一些观点的提出，就像你说的那样，虽然表面上看似激进，但却从内在逻辑上顺理成章，而且，确实是从其不是人云亦云的独立思考中得出来的。

在一些场合，北京大学的吴国盛教授好像曾说过这样的话（大意），即在哲学上，不怕观点荒谬，就怕不自洽。当你说田松的那些富含警惕科学（甚至有时被称之为"反科学"）意味的观点在逻辑上顺理成章时，也暗含了其自洽的意思。至于"荒谬"与否，其实更多的是与人们习以为常的"常识性"观点不一致而给人带来的感觉。但从历史上看，许多后来成为经典的观点和理论，在一开始刚有人提出和鼓吹时，不也正是类似的情形吗？

其实田松自己也很明白，当他开始将自己的工作延伸到反思现代工业文明时，已经远远超出了一些人所批评的"反科学"的程度。你提出的，人类过什么样的生活才是合适的问题，其实恰恰是一个需要思考和讨论的涉及非常根本性的伦理价值判断的大问题，而不是一个自明的问题，虽然很难一下子就有能够让人们达成共识的结果（其实现在的生活方式也未必就是人类的共识），但田松不正是在进行着他自己独特而有意义的讨论吗？

江晓原：当然，要寻找这样的答案是艰难的，尽管在逻辑上，给出答案的责任确实是无法逃避的。田松确实一直在努力思考和耕耘着，重要的是，即使在未能给出上面问题的答案的情形之下，田松的思考仍然具有重大现实意义。

这就要将目光移向此书的书名了——警惕科学。田松在此文中提出了口号式的警句（我觉得可以跻身"金句"之列）："警惕科学！警惕科学家！"这个口号具有强烈的思想冲击力。因为从小受的教育一直告诉我们：科学是世间最美好的事物，科学家是世间最崇高的人群。我们应该崇拜科学，应该毫无保留地拥抱科学，而"热爱科学""为科学献身"之类的说法，也是大家耳熟能详并视为天经地义的。对科学的盲目崇拜和热爱便使得一部分人产生了强烈的自豪感（我们生在一个有移动互联网的时代，是多么幸福、多么令人自豪啊），这种自豪感又让他们不假思索地极度鄙视田松这样的思想者。这种现象在网络上最容易见到。

警惕科学？科学这么美好的事物需要警惕吗？田松此书最大的现实意义，就在这里。前些年我提出的"科学就是厨房里的切菜刀""科学已经告别纯真年代"等说法，最后都会引导到"警惕科学"这个结论，而田松能够直指要害，摘得"金句"，恰恰是因为他在思想上走得比我们更远之故。

刘兵：关于你又提到的有关人类过什么样的生活才是合适的问题，我们还可以这样类比地想：破与立的关系。因为以往在人们发现某些现有的观念、理论、制度等有问题，从而进行分析、批评、解构时，常常就会有人跳出来问，那你要拿什么来替代它们呢？其实，在破与立的关系上，虽然可以说不破不立，但作为第一步的破，却并不一定必然地要包括立。田松的这些工作就算作为第一步，仍然是重要的。毕竟迈出第一步也不是容易的事。

关于你说的田松作为书名的"金句"，我觉得，延伸下来，也仍然需要有大量的工作来继续。因为，田松更多的是集中在对于为什么不应该"不警惕"科学的分析上，集中在对"不警惕"科学可能带来的问题的分析上，集中在对科学后果的分析上，而实际上，关于为什么"科学"成为让人们"热爱"和"献身"对象原因的研究，还不够充分，而对此更深入的研究，则会让我们理解历史和现实何以如此。

当然，这个问题也很复杂，对于中国和外国，有共性的原因，也有各自特殊而不同的原因。也许这个问题要更敏感，但我还是认为，它是迫切地需要进行全方位、多学科、跨学科的研究的。

江晓原：其实田松的观点，另有一层积极意义——

仍然和"人类过什么样的生活才合适"有关，即：我们能不能先慢下来？或停下来？他前些年的另一"金句"——"让我们停下来唱一支歌吧"，正是这个意思。"人类过什么样的生活才合适"，我们目前虽然还不知道，但我们已经知道目前这样的生活是不合适的，也知道继续这样一日千里地"发展"下去是不合适的，那么慢下来或停下来就应该是选项之一。

当然，我们都知道，这个选项被采纳的可能性几乎是不存在的，这就是我常说的"被劫列车困境"——我们都在这列车上，谁也下不去，车也停不下，而且还越开越快，而且还没人知道目的地。但从"知其不可为而为之"的情怀出发，田松的告诫仍然是有意义的，即使人类有朝一日被自己盲目发展的科学技术毁灭，至少也能毁灭得明白一点。

刘兵：这一段你说得就很悲观了——尽管也有你内在的逻辑，如果细细分析，会发现确实是有其道理的。但除了那种似乎是注定的命运悲剧的结论之外，是不是还可以补充一些说法呢？比如，是否还有其他可能的选项，让我们可以将毁灭的来临推迟一点？或是在毁灭前生活得再幸福一点？当你说，没有人知道那列被科学技术所劫持列车的目的地时,似乎还隐含了一点——尽管是那么隐晦的——希望。

过去在非政府组织(NGO)的工作经历让我印象深刻的是,那些为环保最有献身精神的人,其实大多数反而是对终极目标比较悲观的人,但这也正让我们理解:知其不可为而为之,其实是一种很高尚的行为方式。对于像鲁迅所说的是否应该告诉黑屋里的人外面是光明的问题,虽然可以有争议,但至少,作为一个学者,这样独立的思考是必需的,田松显然做到了这一点。

迷途的科学和它的哲学保姆

江晓原:以前有一个我们都相当熟悉的说法,"哲学指导科学",在许多仍然陷溺于科学主义思想泥潭中的人看来,这句话是如此的可笑,甚至可恶。许多人对上面的说法嗤之以鼻:哲学还能指导科学?

如果科学还停留在它的纯真年代——我确实相信曾经有过这样的年代,那它离开哲学也许还问题不大,尽管从根上说，它本身就有着哲学的血脉。但是如今科学早已经告别了它的纯真年代，那就完全是另一种情形了，就好比一个曾经的好孩子，现在误交匪人，已经开始学坏了。

这时吴国盛教授来了，他自告奋勇，要给科学充当哲学保姆。这个保姆还真是苦心孤诣，收在《反思科学讲演录》（吴国盛著）中的八篇讲演，篇篇都是苦口婆心，就是想要帮助大家认识到科学已经告别了它的纯真年代。吴教授面对听众，仿佛就是班主任面对着来开家长会的家长，吴老师推心置腹地告诉家长：你家孩子聪明是非常聪明，但现在已经开始学坏了……

刘兵：讲到过去的"哲学指导科学"，许多稍年长些的人都会记忆深刻。对于这些"老人"，在未经沉思并且因过去过分压制而带来的反弹心理之下，也自然地会对于那个说法"嗤之以鼻"了；而对于更多的"新人"，由于诸多原因，本来就不大会拿这种说法当回事儿。不过，有些观点恰恰是因为在极端情况下的极端性而掩饰了其在更大范围下可能的合理性，比如在吴国盛的"反思科学"中，这个问题就又会呈现出来。

当然，"指导"这种说法，也有某种误导的可能。你用的"保姆"这个隐喻也大有可分析之处。因为,保姆说的话,也未必就对,她管教的孩子也未必就会听,孩子更会对保姆和家长的期望和教导产生很强的逆反心理。

吴国盛这本书中的演讲,其实主要涉及科学的历史、科学与人文、技术与人文,特别是科学技术与伦理等主题。我倒并不以为他当真像你所说的那样,真的认为科学这个孩子原本很好,只是后来学坏了。我觉得,他所做的,只是在对科学这个东西进行着一种哲学的反思,这种反思带来的只是对科学的另一种理解。而且这样的理解在当下的社会上又并非主流,更不用说能否马上就对科学和科学的发展带来明显的实际影响。

但是,基于反思的这样一种对科学(及技术)的理解,又是至关重要的。

江晓原:其实"保姆"这个隐喻,带有玩笑之意,吴教授自己也未必喜欢。你将它称为"隐喻",大有深意。这个"保姆"当然不是吴教授,而是哲学。从这个意义上说,这个隐喻还是有它的可取之处的,例如,哲学可以像保姆那样说:我可是看着科学这个孩子长大的啊……正是因为这一点,吴教授在各次讲演中谈论科学的前世今生,就显得顺理成章了。

从对科学技术进行反思的立场出发谈论科学技术的前世今生之所以重要，是因为我们以前习惯的宣传或"科普"活动，其实并不打算让人真正了解科学，而只是希望让人们形成对科学技术的热爱和崇拜。抱着这样的目的，我们在"科普"读物中，乃至在教科书中，都不会客观地谈论科学技术的前世今生，而是将许多内容过滤掉，并添入许多不真实的内容或说法，建构成一个我们所希望的科学技术的形象。

现在吴教授"代圣人立言"——代上面所说的这位哲学保姆说话，将科学这个她看着长大的"孩子"的许多事情（包括他如今误交匪人逐渐学坏的情形）告诉"家长"，在我看来这是此书最大的意义所在。

刘兵：在你说的"将孩子带大"的这个意义上，用"保姆"的说法倒的确颇有意思。不过，在科学这个孩子长大之后的今天，却早已将"保姆"打入"冷宫"了。

当然，科学是否像你所说的是在后来误交匪人而逐渐学坏，我还有不同看法。或者，从吴国盛的演讲中，我所听出的，倒是科学后来的变化，反而是由其从一开始就形成的本性再结合后来的经历而导致，并非后来被他人教坏的结果。

这些在高校和其他公共场合，包括在对官员的讲座所讨论的内容中，一是确实有别于那些当下最常见的科普，二是确实有利于听众更全面地理解科学，包括在"反思"中体现出来的科学的那些不那么光鲜的方面。这些有别于常见科普的内容，才是其在科普中的特殊价值。只不过，我倒略有些担心，其中许多的观点，有时说得不那么尖锐，有时又是在哲学性的话语中表达的，对于现实中的听众，究竟能够理解其中多少深邃之处，恐怕还不一定能让人足够乐观。

江晓原：后面这个问题我也考虑过，但感觉可能比你乐观一些。因为总体而言，吴国盛的讲演还是引人入胜的。其中当然有不少谈论哲学的内容，那些内容，正如你所担心的，会使一般听众不那么容易理解，或不那么容易领略其中的深邃之处。但是对于一次讲演而言，其实只要能有若干引人入胜之处，就能够给听众留下较为深刻的印象，从而使听众获益。有些部分听不太懂，或一时尚不能理解，完全无伤大雅，而且是正常现象。

至于科学到底是与资本密切结合后才"学坏"的，还是它"从一开始就形成的本性再结合后来的经历"而导致现在的种种问题，确实是值得探讨的。我之所以倾向于前一种描述,是因为我相信科学曾经有过它的纯真年代。也许这个"纯真年代"的说法有点过于文学性了,但是我感觉这个说法对于我们分析当下的许多问题,有其便利和易于理解之处。当然,分析问题的路径是多种多样的,也许你会更乐于使用后一种描述所提示的路径?

刘兵:对于后一个问题,应该是暗含在吴国盛的演讲中的。他没明说,不同的人可以有不同的理解。确实,我宁愿采纳后一种描述所提示的路径。也许确实你在骨子里更阳光一些,所以会愿意接受科学曾"纯真"的看法。

就我们国内现实中的科学传播来说,虽然也引进介绍了不少新的理论和理念,但目前占绝大多数的普及性读物,仍还是以赞颂科学为主旨的。也正是在这样的情况下,一些科学哲学和科学史出身的人,结合了他们本专业的学养,开始以一种反思的态度来审视科学,并把这种审视的结果以普及的形式向大众传播,他们中的一部分人也因此被那些持传统观点的科普人看作"反科学文化人"。其实,这类"科普"又恰因为其稀少和必要而具有重要意义,就像我们曾私下开玩笑说的那样,此书标题是不是多印了一个"思"字?不过,具体以什么程度来"反"或"反思",也不是最重要的,重要的是有这样一种不同的声音和不同的态度,唯其如此,才有可能在科普的多元化建设上有所贡献。

　　反,就反了吧,又能怎么样呢?何况,吴国盛教授自己并没有那么说。就让人家说去吧,一部普及性的作品,要是没有关注,那才是最大的失败呢!

第五日

关于科学的文化多元性

关于科学的文化多元性

江晓原：科学有没有文化上的多元性,在很多情况下是一个可以回避的问题。从理论上说,要否定科学的文化多元性也不容易,但我总觉得维持科学的文化"一元性",能够使科学更"纯洁",考虑问题时也更容易得到清晰的思路。或者说得更简洁一点,我们就说现代科学的血统是希腊的,也许这又是"缺省配置"在起作用了?

按我的理解,《科学的文化多元性》一书中所谓的多元性,实际上又和科学的定义直接相关——我看只有拓展了科学的定义,科学的文化多元性才能够成立。但这样一来就会引起许多理论上的问题。记得你对哈丁此书评价颇高,主要着眼于哪一点呢?

刘兵：确实如你所说,只有拓展了科学的定义,科学的文化多元性才能够成立。目前国际上许多从事科学元勘,甚至以明显或不明显的方式带有科学元勘倾向的科学史研究,也都已经在其实际的研究中应用了这种"拓展了"的科学定义。比如说,如果不做这种拓展,中国科学史(当然也包括印度科学史、拉美科学史、非洲科学史、阿拉伯科学史等)学科研究的合法性就是一个严重的问题。但反过来想,我们原来的科学定义其实也并不完备,因而,在科学哲学中,划界问题才会一直是一个有争议而无普遍认可答案的问题。只是我们由于"缺省配置"在起作用,往往才不自觉地把原来并没有定义明确的东西给暗中加上了一元的限定。

哈丁的这本书确实非常有意思,我曾推荐给一些人看,包括给一些学生看,有人一开始不是那么欣赏,但当看过几遍,深入进去后,就觉得很有启发。其中值得注意的要点其实有许多,但我首要关注的,是她把后殖民主义思潮作为其科学史和女性主义研究的重要背景这一点上。而且,由此出发,就会带来许多许多我们以前几乎未曾想过,甚至不会敢于去想象的新观点。

江晓原:哈丁在此书的中译本序中说,因为她来自另一个世界、另一种文化,所以书中的"论证和主张,在其他文化中的相关科学技术语境中可能具有迥然不同的含义",确实,只有非常关注文化多元性的人,才会强调这个问题。

那么,拓展科学的定义,使得科学的文化多元性能够成立,在现今中国这样的语境中,其积极意义何在呢?我担心未见其利,先见其害——因为其消极作用是显而易见的,接受宽泛的"科学"定义会给当代的伪科学活动开启方便之门。如果古代一些性质暧昧的学说和活动都可以纳入"科学"的范畴,那么今天类似的学说和活动——往往和伪科学很难划清界限甚至结着不解之缘——也就可以据此为自己争取某种合法地位了,而这恰恰是坚持科学立场的学者们所不愿意看到的。

刘兵:关于科学多元性立场与伪科学流行的问题,也可以做与上面的分析类似的讨论。还是反过来想,如果科学的多元性真的能够确立,那实际上将是对一元性科学所具有的特殊神圣地位的某种削弱,有了这样的削弱,称自己为科学就不会像现在这样只是"增光"。当然,伪科学的问题又是非常复杂的,就算没有科学多元性的说法,它们还不是照样蓬勃地发展着?再者,如果没有了多元性的立场,我们还会失去更多本可获得的东西。就算是对于那种狭义的一元科学自身的发展,也未必就真的是件好事。

这里,做一个不一定恰当的类比,那就是生物多样性对于整个生物系统的意义。

江晓原:但是我感到还有问题:哈丁主张历史上欧洲之外的文化也曾对现代科学有贡献,以及某些自外于当今主流科学理论的行为或学说也可以对今后的科学有贡献,但是能够为这种主张辩护的例子,似乎都是实用技术方面的。也就说,只有模糊了"科学"与"技术"这两个概念之间的界限,她的学说才可以成立。而我们知道,包括你本人在内的许多中国学者,都认为我们现在将"科学"与"技术"这两个概念混淆起来(我们特别喜欢用独特的"科技"这个词),是非常有害的——现今最大的害处是用管理、评价技术的标准来管理、评价科学(甚至延伸到人文学术的管理和评价)。既然如此,哈丁阿姨在中国,就仍然有可能好心办坏事啊。

刘兵:对此,我还可以做些辩护。我同意你说的问题存在,但那些现象一个隐含的前提,是基于现代意义上的主流科学和技术。如果按照后殖民主义科学观的看法,把科学和技术的观点进行充分合理的拓展,那么,原来的那种说到科技就只想到唯一的现有主流的科学和技术,并把其中的某些做法,特别是把现代技术研发的管理方式，不分青红皂白地应用到包括人文研究在内的各种学术研究的管理和评价中的做法，也许反而会因为科学和技术的广义和多元而得到消解。当然，我也知道现实中存在的巨大影响和惯性，我的上述说法也许在很长的时间内只能在一种理想化的理论情境中才成立，但是，面对现实的问题，难道我们连一种带有理想追求的美梦都不能做吗？

后现代与科学：说不尽的故事

江晓原：很多年前，我曾经收到一个博士生给我发来的邮件，说她"某次和一学哲学的人讨论问题，他张口闭口后现代，弄得我烦躁不安——因为我根本不知道后现代确切所指的是什么，而他充分意识到我的这个缺陷，并把其变成了打压我的重要手段。我曾要他好好给我解释一下后现代，结果他避而不谈"。这段话放到现在，也能生动地反映"后现代"概念的模糊和流行。其实，如果这位同学当年读过"后现代交锋丛书"前面的总序和"汉译前言",也许就不至于被"打压"了。

"后现代交锋丛书"确实颇有价值,虽然正文前金吾伦的序和王治河的"汉译前言",就这套丛书每一本的篇幅而言显得很长,但这两篇都是认识"后现代"理论不可多得的入门文章,能够将许多人说得云山雾罩的那些关节,讲得非常清晰明快。

刘兵:在国内的人文学界,关于后现代问题的讨论、研究、引进等,已经是非常普遍的事了。然而,在与科学有关的研究领域,后现代的命运就远不那么幸运了,有关科学与后现代的书籍也非常少见。正因为如此,20年前,美国人格里芬的一本关于科学与后现代的译著才风行一时。我也曾对之做过比较激进的评论,现在想来,其实说激进,只是因为看到那本书影响巨大,而又未能充分代表对科学的后现代人文研究,所以才说了些不敬之词,其实,那本书也是后现代科学研究的重要著作之一。

> 长时间以来,国内对于科学的后现代研究之所以不那么盛行,也许是因为后现代对科学的看法与我们传统的科学观有较大冲突。其实,后现代科学研究的主要任务之一,就是对现代科学的神圣性的解构。

自然，这样的观念在科学主义盛行环境中的传播会有很大困难和阻力。不过，从十多年前开始，这种情况就已经在逐渐改变了，比如当年这套"后现代交锋丛书"的出版就是一例。而且，这套丛书的重要性还在于，它将本来主要限于学界的后现代研究，以相对普及的形式向范围更大的读者群进行了传播。

江晓原：这套书每册的选题也别具慧眼，比如《库恩与科学战》，库恩1962出版的《科学革命的结构》一书，虽然篇幅不大，但在现代科学哲学的理论序列中，也可以算经典著作了，有20多种文字版本，销售上百万册，是20世纪最有影响力的学术著作之一。而"科学战"（Science Wars），正式得名于1995年《社会文本》杂志一期专刊的名称，因为许多人认为，科学正在遭到来自"文化研究"的批评和攻击，需要起而应战，保卫科学。

先前人们很少将库恩和"科学战"联系在一起，但这套丛书就是喜欢作这样的新颖联系，比如丛书中还有《海德格尔、哈贝马斯与手机》《柏拉图与因特网》《艾柯与足球》等。相比之下，《库恩与科学战》已经算是非常中规中矩的了，理由是，"库恩揭开了潘多拉的盒子"——他给了逻辑经验论以致命的打击,他的科学观极大地破坏了传统的科学哲学,动摇了人们关于科学的传统图景,他的学说事实上启发了后来许多激进的观点(他本人想洗刷这种关系但无济于事),以至于被斥为"真理的叛逆"。当然,历史表明,正是这些叛逆才有可能给我们带来新的真理——如果我们承认有真理的话。

刘兵：说起这套丛书,出版者将其大致分为科学和人文两类,不过,我觉得被分到人文类中的几本倒与科学很有关系,如你提到的《海德格尔、哈贝马斯与手机》《柏拉图与因特网》等。而在被分到科学类的第一批七本书中,像《霍金与上帝的心智》以及《爱因斯坦与大科学的诞生》,后现代的味道倒很淡,这也是很有意思的一个现象。

江晓原：你提到的《霍金与上帝的心智》和《爱因斯坦与大科学的诞生》两书,简直就是我们传统的"科普著作",讲的都是物理学,而且与后现代毫无关系——事实上,在《霍金与上帝的心智》一书的正文中,我没有看到一处"后现代"字样。不过,作为科普著作,我觉得这两册都是相当不错的作品,把事情讲得简洁明了,让人读了有收获。但是放在这套丛书里,确实显得有点离题和不和谐。

刘兵：但尽管如此，我还是觉得，如果不谈这两个特例，从这套书中其他一些书的论题上，或者说，直接从书的标题上，我确实还是可以体味到某种后现代的意味的。例如前面提到的《海德格尔、哈贝马斯与手机》和《柏拉图与因特网》，以及《维特根斯坦与心理分析》《哈拉维与基因改良食品》和《麦克卢汉与虚拟实在》等。

开头你说到当年的邮件，挺有意思的是，曾经我与一位在国外大学中任教并从事文化研究的中国学者谈话时，谈到学科和研究方法，那位学者说，在西方国家，特别是在人文研究领域，几乎很难看到像我们这里这样精确的学科划分，甚至还分成一级、二级学科等。他们那里，像传统的文学、哲学等，几乎并不是在做那种传统学科意义上的研究，而更多的是用一种后现代的思维背景和方法，对更多贴近现实社会的问题进行跨学科的研究，于是，也就有了像 Cultural Studies、Science Studies 等这些在我们这里无法明确给出相应学科定位的东西。从这套丛书中一些书的论题来看，这种风格也是非常明显的，这也是一种后现代学术研究的典型方式吧。

江晓原：说句玩笑话，我们或许可以用"后现代"

的观念来看待这套丛书本身——体例的不一致、内容的多样化甚至矛盾，是不是后现代作品中常见的现象？因为我们通常所习惯的情形，是一套丛书在体例上大体一致，各书的主题大体在同一方向，这样才显得比较"科学"，而这种标准是不是"现代性"的体现呢？"后现代"是不是要和这种标准作对呢？

这其实又引导到科学是不是"万能"的问题上了。许多人虽然在嘴上或理性的层面表示"我从来也没有说过科学万能"，但是遇事却总是自然而然地往规划、量化、统一等"科学"的思路上想，总是自然而然地拒绝宽容和多元，包括总想把工程技术的那套标准用到人文和科学基础理论研究的领域中来。而后现代的方法和风格，可能正是这种偏狭思维方式的解毒剂？

刘兵：关于后现代研究的意义，可以有多种不同的辩护，不过，就后现代与科学来说，虽然因为后现代立场对于正统科学之客观性和唯一性的消解具有一种批判性，但与此同时，也因为视野的开阔和对于多元的认同，而具有一种包容性和宽容性。这后一种心态，对于一种更为人性的社会建构，对于更为人性的科学、技术及其理解和应用，应该是非常有益的。相比之下，那种唯我独尊的自大,就显得那样的狭隘——这也是我的一位学生在学习相关课程后的感受。

科学的反革命:半个多世纪前的先见之明

江晓原: 有些人认为科学自身充满着傲慢与偏见,其实聊起这个话题,我们可以探讨下哈耶克那本《科学的反革命——理性滥用之研究》,早在半个多世纪前,他就对此忧心忡忡了,从书名上就可以清楚感觉到他的立场和情绪。

哈耶克的矛头似乎并不是指向科学或科学家,而是指向那些认为科学可以解决一切问题的人。哈耶克认为这些人"绝大多数不是显著丰富了我们科学知识的人",也就是说,绝大多数不是很有成就的科学家。照他的意思,一个"唯科学主义"(scientism)者,很可能不是一个科学家。这个区分是非常重要的。

刘兵: 我想,这要对"科学家"这个概念做些分析。因为,人们也经常是在不同的意义上来使用这个词的,或者说，科学家是可以分成不同层次的。哈耶克所指的那些显著丰富了我们科学知识的人，大约是指那些"大"科学家，而我们又注意到的是，在那些"大科学家"中，不认为科学可以解决一切问题的人确实占了相当大的比例。在这种意义上，哈耶克说的显然是有道理的。但另一方面，人们确实将那些从事具体科学研究工作而不一定具备人文意义上理想素质的人也称为科学家。相比之下，那些"大"科学家自然可以作为为数更多的普通科学家们的一种理想的榜样。

江晓原：其实哈耶克对此是有明确区分的，他所说的"绝大多数不是显著丰富了我们科学知识的人"，一部分是指工程师（大体相当于我们通常说的"工程技术人员"），另一部分是指早期的空想社会主义者及其徒子徒孙。有趣的是，哈耶克将工程师和商人对立起来，他认为工程师虽然对他的工程有丰富的知识，但是经常只见树木不见森林，不考虑人的因素和意外的因素，而商人通常在这一点上比工程师做得好。

哈耶克笔下的这种对立，实际上就是计划经济和市场经济的对立，而且在他看来，计划经济的思想基础，就是唯科学主义——相信科学技术可以解决世间一切问题。计划经济思想之所以不可取，是因为它幻想可以将人类的全部智慧集中起来，形成一个超级智慧，这个超级智慧知道人类的过去和未来，知道历史发展的规律，可以为全人类指出前进的康庄大道。哈耶克反复指出：这样的超级智慧是不可能的，最终必然要求千百万人听命于一个人的头脑。而这样做的结果如何，如今世人早已经领教够了。

刘兵：这确实是一种非常值得注意的观点。把唯科学主义与经济思想联系起来，显然与哈耶克本身的经济学背景密切相关，但他又显然不同于某些经济学家——甚至于可以说目前绝大多数的经济学家，他的思考有着更深刻的思想文化内容，而其他许多经济学家却有点像那些只关注具体理论和实验细节的科学家一样，只进行具体的经济学研究，甚至于更多地沉迷于数学模型的构建，而与哲学与社会文化思潮则却保持着相当远的距离。

不过，刚刚拿到此书时，我就产生了一个问题，即此书书名的真正含义，直到读后，这个问题也没有彻底地想明白。"科学的反革命"，这个标题到底意味着什么？在这里，是两个概念的组合，科学与反革命，当然，连带地，讲反革命自然要涉及革命。那么，这些概念所指的究竟是什么呢？哈耶克想用这样的标题来表述什么样的核心思想？对此，你是怎样理解的？

江晓原：从原文并结合书中内容看，《科学的反革命》中，"革命"应该是一个正面的词，哈耶克的意思是科学（理性）被滥用了，被用来反革命了。什么是革命？革命就是创新，哪些地方有缺点有问题，需要人们去革命、去创新。反对创新、压抑创新，就是"反革命"。哈耶克指出，有两种思想之间的对立。

一种是"主要关心的是人类头脑的全方位发展，他们从历史或文学、艺术或法律的研究中认识到，个人是一个过程的一部分，他在这个过程中作出的贡献不受（别人）支配，而是自发的，他协助创造了一些比他或其他任何单独的头脑所能筹划的东西更伟大的事物"。

另一种是"他们最大的雄心是把自己周围的世界改造成一架庞大的机器，只要一按电钮，其中每一部分便会按照他们的设计运行"。

前一种是有利于创新的，或者说是"革命的"；后一种则是计划经济的、独裁专制的，或者说是"反革命的"。这从哈耶克下面的说法中或许可以推断出来："单纯的科学或技术教育未能提供的,正是这种身为社会过程一分子的意识,这种个人的努力相互作用的意识。"这或许是理解此书书名的一个可能的思路。

刘兵:我倒是愿意接受这样的解释。相应地,我们就会注意到,虽然在此书中哈耶克谈论了许多文化、经济、社会等内容,但即使在狭义上,他也还是直接论及了科学方法的局限。他明确指出:"在大约一百二十年的时间里,模仿科学的方法而不是其现象贡献甚微。它不断给社会科学的工作造成混乱,使其失去信誉,而朝着这个方面进一步努力的要求,仍然被当作最新的革命性创举向我们炫耀。如果采用这些创举,进步的梦想必将迅速破灭。"这一方面恰恰印证了你前面的解释,另一方面,在目前中国、世界华语学界的现实情况下,也提示我们,现在许多唯科学主义者们的做法并不是什么新发明,其受到的批判也不止一日。更拓宽一点讲,国际上代表两种文化的两个阵营之间依然在激烈地争论一些内容,在某种程度上,也正是几十年前哈耶克的分析所指。

除此之外,我们还应该注意到,哈耶克还指出了另一点,即"科学家或迷恋自然科学的人经常试图用于社会科学的方法，未必就是科学家在自己领域中事实采用的方法；倒不如说，那是他们以为自己在使用的方法。这未必是一回事"。对此，无论是那些唯科学主义者们，还是在争论的另一方面对唯科学主义进行批判的学者们，恐怕都是需要加以注意的。

江晓原：方法的移用，不可一概而论。确实也有将自然科学方法移用于人文学术而取得积极成果的，但总体来说意义不大。那种认为人文学术将来可以全面应用自然科学方法的信念，至少在目前看来还是荒谬的。

眼下最严重的问题，倒不在于自然科学方法之移用于人文学术，而在于工程管理方法之移用于学术研究（人文学术和自然科学中的基础理论研究）管理，在于工程技术的价值标准之凌驾于学术研究中原有的标准。按照哈耶克的思想来推论，这两个现象的思想根源，也就是计划经济——归根结底还是唯科学主义。

哈耶克确实有些深刻的思想，可以说是有大大的先见之明。在哈耶克发表他这些思想的年代，我们正在闭关自守，无从了解他的思考成果，就连7年后斯诺发表的演讲，我们也几十年一无所知。如果说哈耶克1952年的《科学的反革命》是先见之明的警告，那么斯诺

1959年的《对科学的傲慢与偏见》就是顺流而下的呼喊。而近40年前我们热烈欢迎斯诺《对科学的傲慢与偏见》的中译本时，实际上是从唯科学主义立场出发的——至少我本人是这样。当然这不能怪我们，因为当时我们太缺乏科学了。

刘兵：是的，当年我作为译者之一翻译《对科学的傲慢与偏见》一书时，确实也是出于这样的立场。但我注意到这样一种现象：那些从科学背景出身，然后投身于人文研究的人，更能感到两种文化问题的重要性与迫切性，而且，如果他真的成为一位称职的研究者的话，多半会逐渐离开唯科学主义。

当然，时下也还有另外一种论点，认为中国目前仍然缺乏科学，所以不宜宣传科学的负面效应之类的东西，认为那样会影响科学在中国的传播与发展。我想，持这种说法的人又可大致分成两类，一类仅仅是出于策略的考虑，而另一类，则包括了相当一些唯科学主义者，他们根本容不得对科学的任何议论——除了赞扬。对于后一类人，其立场的问题无论是在哈耶克的著作中，还是在现在许多可见的文献中，都已有了充分的分析。而对于前一类人，在某种程度上他们的话倒是值得考虑的。

但在这种考虑的同时,我们应该注意到宣传与研究的区别,也要注意到另外一个事实,即中国人对科学的那种非理性的、概念化的崇拜,与科学方法、科学精神的极度缺乏是并存的。这种复杂的局面,是我们今天阅读、思考和研究两种文化问题与唯科学主义问题时所不能不注意的。

江晓原:我完全同意你的观点。问题出在认为科学可以解决人世间一切问题的信念——这就是唯科学主义和哈耶克所说的"理性滥用"。

一碗来自剑桥的科学"宽面条"

江晓原:翻开《剑桥科学史》第七卷,大家会发现这一卷中没有任何一章是在讨论我们所习惯的"自然科学",而是专门讨论各种各样"社会科学"的,比如社会学、经济学、政治学、心理学、人类学、历史学等,甚至有一章专论"马克思与马克思主义",当然还有你一定喜欢的专章"社会性别"等。总而言之,这完全超出了我们通常所习惯的"科学史"的范畴。

记得很早前,我们一圈朋友曾经为"科学"的定义应该取宽还是取窄争论过一番,各人纷纷"站队",我是坚决站在"窄面条"一边,你则站在"宽面条"一边;还有的人起先站在窄的一边,后来又叛向宽的……最后似乎是"宽面条"赢得了多数。但是现在看看这第七卷的《剑桥科学史》,其"面条"之宽,一定超出了当时争论中持论最"宽"的人的想象。

这一卷的范畴理念,和我原先的理念大相径庭。我前些年还专门写过文章,认为"社会科学"这个词甚至可以考虑取消,有"自然科学"与"人文学术"这两个范畴就够了。当然我并不想批评这一卷的范畴理念——我一贯主张宽容和多元的。况且这说到底也就是定义问题,我们就将这些社会科学定义成"科学"的一部分,也无不可。

但是,对于一个科学史的研究者来说,这一卷《剑桥科学史》无疑大大拓展了科学史的疆域。现在科学史几乎可以包括人世间的所有学问!由于只有文学没有在这一卷被涉及,我们现在是不是可以说,世间的所有学问都可以分成两部分:科学与文学?

刘兵：其实，当年我看到这本书时也很有些意外，尽管早在此之前就知道此套8卷本的巨著中有这样一卷。在以往我们以不同宽窄的"面条"尺度来争论科学之划界范围时，通常那些"宽面条"派们也还没有把社会科学放到科学的"宽"定义中，只是强调不同于西方主流自然科学的那些非主流的涉及自然知识的"地方性"知识也可以属于广义的科学范畴。而这本应该说是有相当权威性的《剑桥科学史》，干脆把"社会科学"作为单独的一卷，应该是像你所说的真正"宽"够了的"面条"。

也确实正如你所说，关于何为科学，其实说到底也就是定义问题。但这里所说的定义，却并非随心所欲的任意定义，而是有其背后的道理的。这些道理，在《剑桥科学史》第七卷中的导论"社会科学史的写作"中，应该是说得比较清楚的。在那篇导论里，道理讲得比较详细，从历史到现实。不过在我看来，最重要的原因，不外乎是人们对于科学之理解的演进，特别是传统认为的那种"精密"的科学并非那样精密，即"实际上，自然科学也不能充分地符合哲学规范"，但之所以许多人仍然会把自然科学（更严格地说是西方近现代和当代主流自然科学）看成特殊的知识，也许还是和人们对之抱有某种幻象,以及对于其并非如传统中所设想的那样"入世"认识还不够充分有关吧。

不过,这里我还想到了另一个理由,即对于科学史来说,特别是对于科学史的研究来说,这些"社会科学"作为研究之基础的理论和方法,不是也同样可以有理由在科学史中占有一席之地吗?

江晓原: 我们虽然在科学定义这个"面条"的宽窄上有争议,但大方向却是一致的,"面条"的宽窄只是策略的不同。这碗来自剑桥的科学"面条",虽然其宽度超出了我们先前的想象,但我注意到,主编在对待科学的态度上,也同样是反对唯科学主义的——反对给予科学以凌驾于其他知识之上的特权地位。

例如他们在这一卷的导论中开宗明义就指出:"由自然科学家写作的科学史常常完全忽略了社会科学,科学哲学史通常是首先着手研究最成功的领域,这一部分就充当了其余部分的典范。"这种现象在国内的科学史研究中也很常见。研究科学史上的成就,在许多人看来似乎是天经地义的,但是情况早已经发生了变化。两位主编指出:"到了20世纪60年代,新兴的专业科学史家开始用貌似更具包容性的方式重新建构这个领域。他们并不认为科学不断进步的论述是必然正确的，尽管这曾经为无数先辈所信奉。"

在他们看来，"这也就开始意味着，通过历史主义的视角看待科学，将其看作一种社会建构，和研究其他的社会建构一样来研究科学"。这两位主编的意思，我觉得可以这样解读：

> 社会科学当然是社会建构的，现在我们将科学也看作社会建构的产物，那么将种种社会科学纳入科学史的论述范围，也就是顺理成章的事情了。

刘兵：这里讨论的是《剑桥科学史》中《现代社会科学》这一卷，我们实际上反而主要在讨论社会科学及其与狭义的"科学"或"自然科学"的关系问题了。你提到了此卷主编在对科学的态度上是反对唯科学主义的问题，而我则想到，其实在许多社会科学家当中，唯科学主义的成分通常也并不比自然科学家们更少。正如此卷导论中所说："尤其在20世纪的英语中，具有科学的地位就意味着要具有自然科学的某种基本相似性，这甚至通常被社会科学家看作'真正'科学的内核，在时间上和逻辑上具有优先性和典范性。然而，从历史的角度来看，这似乎是出于某种误解而造成的。"

读这段话的时候，我们不难联想到身边经常会听到的有关社会科学评价的说法。当把社会科学的评价标准向自然科学看齐时，一方面是自动地降低了社会科学本身的价值，另一方面，又是把自然科学当作一种特殊的、绝对的、至高无上的"典范"，这当然是一种典型的唯科学主义倾向。例如，以往人们总是比照自然科学的发展（实际上只是在比照近现代西方主流自然科学中某些学科的发展），将对数学的引入之多少作为社会科学是否完善的重要标准，可以说就是这种倾向的一个突出表现。

这样，当我们采用了如此"宽"的标准后，这种"宽"定义下的科学，就包括了西方主流自然科学、非西方或主流自然科学，以及社会科学这三个在宽度上逐次递进的学科领域。不过说到这里，我倒是在想另外两个相关的问题，即以往我们在区分自然科学和社会科学时，是否就能真正做到清晰有效的划界呢？其次，就是在这种分类中，人文学科的位置又应该是怎样的呢？

江晓原：我之所以主张"社会科学"一词可以不用，

原因之一就是因为"清晰有效的划界"实际上是不可能的。当然,只分成"自然科学"和"人文学术"两大领域,同样存在划界的困难。正是由于"清晰有效的划界"不可能,我们才应该减少划界的任务或负担——分成两部分的划界任务一般来说当然小于分成三部分的。不过在这里,划界问题也不是非要解决不可,可以先搁置在一边。

至于人文学科——这里主要是指文学、历史、哲学之类——的位置,我认为应该是更基本的,或者说更高的。明确地说,它们应该在科学之上,因为它们才能教我们怎样做人,而科学技术只能教我们怎样做事。如果依据这个标准来判断,那么这些能够被纳入《剑桥科学史》第七卷的绝大部分学科,同样都是只能教我们怎样做事的(由此也可见将它们纳入科学史范畴的合理性),当然也就只能享受与科学技术类似的待遇或地位啦。

刘兵:我同意你所说的人文学科应该是更基本的,从而,在某些情况下,将人文学科与社会科学区分开来,还是有意义的。尽管对于这种更基本的说法,恐怕还会很有争议。不过在这一卷中,作者似乎注意到应该主要谈社会科学,但有些论题,如"社会性别",很难做到将社会科学与人文学科进行严格的区分。

这样,至少按照这本《剑桥科学史》,我们就有了这样的方案,将自然科学与社会科学一并作为最宽泛的科学来理解(虽然在这种理解中此多卷本的科学史仍然还是以自然科学作为绝对的叙述重点),其实以这样的视角和方式来写社会科学的历史,有别于传统的社会科学的历史写作,因而值得人们注意。同时,这也暗示着应该将人文学科相对独立出来。

总结起来,在你所说的这碗最宽的科学定义的"面条"中,也同样向我们提示着科学的多元性,只不过,是在原来就有些模糊的自然科学的多元性之中,又加上了更为模糊的社会科学之元。

第六日
什么是"公众理解科学"

什么是"公众理解科学"

江晓原：有些人对于我们所主张的,以"公众理解科学"或"科学文化传播"来升级、拓展传统的"科普",或是因守旧而难以理解,或是因偏见而易于激动,颇有微词。这本《公众理解科学》(*The Public Understanding of Science*)正好可以给我们上一课,看看这两者之间到底有什么区别?而我们的主张又到底有什么理由?

此书是当年英国皇家学会会员博德默(W. F. Bodmer)领导的一个特别小组提交的报告,并且得到了英国皇家学会理事会的批准。当时英国皇家学会认为这份报告所讨论的问题极为重要,为了引起广泛的注意,便决定免费发行该报告的简写版。

报告开宗明义地指出,所谓"公众理解科学","理解"的含义是"不仅包括对科学实事的了解,还包括对科学方法和科学之局限性的领会,以及对科学之实用价值和社会影响的正确评价"。这是一个非常完整的定义。而我们传统的"科普",恰恰只有对部分科学实事的了解,后面的全都没有。主张以"公众理解科学"或"科学文化传播"来升级、拓展传统的"科普",主要的理由就在这里。

刘兵:是的,你讲得非常正确。这份报告,确实是英国甚至世界范围内公众理解科学工作的一份经典文献。从中我们可以看出,公众理解科学这个领域在最开始时,就以一种什么样的面貌出现。将此与我们通常见到的那种对于传统科普的理解相比,我们也会发现其间的差异,因而,尽管现在经常有人近似地将国外的公众理解科学对应为我们的科普,但也有人对此持不同的意见。也正因为如此,我们更应该重视其间的差异,这才是改进我们工作的出发点。

例如,在这份报告中,谈到了一个基本的论点,即"提高公众理解科学的水平是促进国家繁荣、提高公共决策和私人决策的质量、丰富个人生活的重要因素"。在这里涉及的几个要点中,促进国家繁荣只是四个目标中的一个,而后三个目标,在我们的传统科普中,以及在我们对于普及科学意义的传统认识中，也是经常被忽视甚至无视的。其实，这些目标，与《美国国家科学教育标准》中所提出的对学生进行科学教育的目标也是非常一致的。

江晓原：说到底，科学是为人类的福祉服务的，如果"以人为本"地看待科学，这正是题中应有之义。所以，"提高私人决策的质量""丰富个人生活"这样的目标，本来是极正常的，而且对科学自身来说也是极有益的，这将使公众感到科学与自己的生活更近、更息息相关，只是在我们多年来尚未彻底抛弃的某种陈旧语境中，它们听上去才好像是标新立异的。

这份报告对于目前关于"唯科学主义"的争论来说，确有对症下药之效。比如，报告中大声疾呼，希望"那些身居要职的人物对科学与技术能做什么和不能做什么至少有一点理解"，这显然也不是无的放矢之言。

> 事实上，在科学技术成就如此辉煌的今天，提醒人们科学并不能解决一切问题，确实不无必要。

又如，报告专门有一章讨论科学界与媒体的关系，对我们也很有启发。报告分析了双方行事的规则以及基本诉求的不同，在此基础上建议双方寻求更为和谐的关系。在我们这里，科学界与媒体的关系也经常是不和谐的，双方通常相互轻视，因而也不愿意进一步增进相互之间的了解。比如，许多学者认为"媒体总是胡说八道的"，而媒体从业人员则经常嘲笑学者们的迂腐和笨拙……

刘兵：这份报告其实涉及与公众理解科学相关的多个领域，讨论了公众理解科学与正规教育、大众传媒、科学共同体、普及机构及工业界等的关系，以及这些领域在理想中应该承担的责任。对此，你上面的评论几乎也都以点评的方式"点到为止"地触及了。

如果回到最基本的前提和最终意义上来，我们可以清楚地看到，正是由于这份报告第一次明确定义了公众理解科学的概念，并以英国皇家学会的身份对之进行了详细的论述，在世界科学技术普及史上或者科学传播发展史上具有重要地位，因而才不断地被人们引用和提起。而且，这份报告的另外一个重要结果就是公众理解科学委员会（COPUS）在1986年最终成立，这是由英国皇家学会、英国皇家研究院和英国科学促进会联合组成的。

这个委员会的责任是给公众理解科学提供重要的战略策略，使公众理解科学成为科学家的一个基本技能，并成为一项正式职业。

但与此同时，我们还应注意到，这份报告也只是在最初阶段的产物，它的某些基本立场以及当时提出的一些措施，随着科学技术以及其他社会方面的变化，已经不适合现在"公众理解科学"的发展了，报告的基本假设和在这些假设指导下从事的一些研究也因此受到了强烈的批评。因而，我们在阅读这份经典文献的同时，也应该注意到后来的一些发展，一些类似的但却反映出公众理解科学理论更新进展的报告等文献。

江晓原：据我所知，一些后来的有关报告已经即将被引进，有的已经在翻译中。其实国外与此有关的报告或计划、标准之类（比如《美国国家科学教育标准》），这些年我们已经陆陆续续引进过几种了，将来要是将这些文献集大成印成一巨册或一套，供国内有关各方研究、参考、借鉴，我想也不失为功德一件呢。

我们引进这些文献之所以很不及时，除了以前缺乏开放政策外，另一个原因，似乎是过分强调我们"国情不同"。以前我们经常可以在一些场合看到"考虑到我国国情……"之类的套话,但是以这次所谈的《公众理解科学》来看,几乎没有任何"国情"问题,而且颇有"对症下药"之感。这或许可以用我们的社会正在大踏步地跟上国际潮流来解释吧?当年孙中山有一幅著名的题字,"国际潮流浩浩荡荡,顺之者昌逆之者亡",时间已过百年,现在看来真是极具先见之明。

刘兵:是的,就在《公众理解科学》这份英国皇家学会报告的中译本出版之时,另一份后来由英国上议院科学技术特别委员会所著的《科学与社会》的报告(也称为"第三报告")的中译本也同时出版了。在《公众理解科学》报告发表了十几年后,公众理解科学的理论也发生了巨大的变化。例如,在《科学与社会》报告中的一个重大转折,就在于它已经对传统的公众理解科学的提法提出了质疑。报告中提出,很多人认为,"公众理解科学"可能不是最好的表达形式,有人认为这个词意味着科学的高高在上,因为这个词意指科学与社会关系的任何困难都完全是因为公众的无知和误解造成的,如此等等。因而,"第三报告"的发表被认为标志着公众理解科学的新阶段——"公众对话"主题的产生。

由此我们看到,即便我们今天仍然在沿用"公众理解科学"这一说法(它已远远超前于我们传统中的科普概念),这一说法及其背后的理解支撑,西方也是在不断发展变化的。那么,我们在这个领域中,为什么还要继续墨守成规不思进取呢?——尽管这样也许会博得某些保守人士的赞许,可那将是多么可悲的事!

公众到底怎样理解科学

江晓原: 前面我们说到什么是"公众理解科学",那么公众到底应该怎样理解科学呢?关于这个话题,国内一些学者包括我们两人在内已经说了相当长时间了,但我们在理论上的建设其实还很欠缺。所以,这本研究欧洲"公众理解科学"状况的《优化公众理解科学》非常值得我们回过头来深究一番。

这本书是在欧盟"第五框架计划"资助下,由"优化公众理解科学"(OPUS)课题组提交的研究报告,长达50余万字。报告中详细介绍了能够代表欧盟各类国家特点的六个国家的有关情况,这六个国家是:英国、法国、比利时、葡萄牙、奥地利、瑞典。同时，报告中也反映了西方学者在科学传播研究领域中新出现的理论成果。

我的感觉，报告中的大部分内容，其实已经可以和我们今天的"国情"衔接，或者说对我们今天仍然具有现实意义。当然也有一些内容，涉及的可能是我们这里下一阶段才会出现的情形，但这对我们也有非常重要的意义。

刘兵：我想，从理论研究和学术发展的一般规律来说，当一种学说或理论在国际上已经有了相当充分的发展时，如果我们也要进行相关的研究，或者是借鉴人家的经验，首先应该做的是对人家的理论研究和与之相关的实践情况有所了解，最好是有所研究。在以往，国内随着对科学普及在新形势下的更加重视，关注的焦点也从传统的科普逐渐有所拓展，拓展的方向之一，就是国际上所谓的"公众理解科学"。在这方面，很早之前国内就已经有了一些引进、翻译和研究的内容，但那些内容似乎主要是对英国、美国等国家情况的介绍和研究，而对于包括范围更广的欧洲整体情况，则仍然非常欠缺。因此，当年这本针对欧洲情况研究报告的出版，就有了特殊的重要意义,让我们可以在更广阔的视野中对公众理解科学问题有更进一步的认识。

> 虽然国内的科普活动仍然有着传统影响的深刻烙印,但我们如今已经不再将自己只局限于传统科普的范围,而是将视野扩展到包括公众理解科学在内的更多相关的理论和实践中。

不过,这些传统和新型的普及传播与"理解"之间,毕竟还是有着密切的关联,也许这正是你说的可以与我们的"国情"相衔接之处吧。那么,在这份研究报告中,最为突出的引起你注意的"衔接"在什么地方呢?

江晓原:在发达国家,以往那种对科学的一味顶礼膜拜的迷信,早已经开始动摇,这也就是前些时候我们谈过的霍尔顿所痛心疾首的对科学的"反叛",而一个类似的过程,其实在我们这里也已经开始出现。我觉得,这就是可以"衔接"的地方。比如,报告中说,在英国,"科学顾问扮演的角色在公众眼中受到怀疑,科学和政治之间关系的缺陷变得非常明显。……尽管人们对科学有兴趣,但公众对科学的信任在降低",这种局面,在我们这里也开始出现了。

另一个让我感到有"衔接"之意的地方，是这份报告对待上述情形的态度，不像某些自命的科学卫道士那样，面对公众和有识之士的态度和见解，采取"科学原教旨主义"的态度，甚至采取"科学麦卡锡主义"的方式，舞动棍子，逢人便打。恰恰相反，报告对此采取了反躬自省的态度，主张"科学需要更好地理解社会的变化，从而转变其立场"。这就不是盛气凌人、唯我独尊的态度，这与当年中国科学院、中国科学院学部主席团发布的《关于科学理念的宣言》中所说的"避免把科学知识凌驾其他知识之上"，非常一致。

刘兵：确实如你所说，这些都是可"衔接"的地方。在你说的第一个衔接之处，可以比较出一个非常有趣的现象，即公众对于科学的支持，并不一定与公众所掌握的科学知识的水平成正比，甚至于欧洲一些在公众科学知识普及方面做得很好的国家，其公众对科学的怀疑态度也会有所增加。相反，在我们这里，从几次公众科学素养调查的结果中可以发现，虽然公众对科学知识"达标"掌握的比例不算很高，但对科学表现出盲目信仰和支持者的比例却非常之高。这里面固然有我们国内传统中对于科学意识形态化的影响,但这一正一反的对比说明了一个足以发人深省的问题:我们现在在科学普及和传播中经常隐含着一个假定,即让公众掌握越多的科学知识,就会越有利于公众对科学的支持,而这个假定恰恰与上述调查结果相矛盾。

随之而来的问题就是,我们在当下大力倡导提高公众科学素养的背后,究竟预设了什么样的目标,以及这样的目标是否可以实现。或者,也可以反过来想,我们对于公众科学素养的理解,以及对于提高公众科学素养的意义的理解,是不是有可能重新反思一下呢?

江晓原:所谓"科学素养",我们以前总以为就是对科学知识的记忆(或者主要是如此),比如知道地球绕太阳转一圈的时间是一年、光传播的速度是每秒30万公里之类。现在我们当然知道,真正的"科学素养",还必须包括对科学技术负面价值的了解,包括对滥用科学技术可能带来灾祸的警惕等。在这本《优化公众理解科学》的报告中,经常谈到公众对科学的担心,以及对科学信任的下降,这未尝不可以视为公众科学素养提高的表现。你上面提到我们这里一些调查报告所揭示的奇怪现象——对科学知识掌握很少的人却反而对科学盲目信仰，恰恰可以印证这一点。

从这本《优化公众理解科学》的报告中可以看到，欧洲公众对科学的担心或信任下降，主要集中在两个领域：核电和生物技术。核电作为能源固然很好，但万一发生切尔诺贝利那样的泄漏污染事件，后果确实极为严重。至于生物技术，比如克隆人、嵌合体、转基因食物等，已经引发了许多伦理道德方面的争论。在这两方面，政府和科学共同体都理应采取谨慎的态度。

这里我们就可以看到"公众理解科学"的重要意义。在传统的单向"科普"概念中，就可以是另一种光景——比如，由科学"精英"出来向公众"普及"，告诉公众核电是多么清洁安全高效，转基因食物又是何等"多快好省"，于是芸芸众生就此坚信不疑，科学共同体就可以长驱直入，而不必采取任何谨慎态度来约束自己了。

刘兵：在争议方面，核能和转基因（以及类似的生物技术）确实一直是两个长期被关注的焦点。核能实际上是基于一个世纪左右的基础研究才使之成为可能的技术的，如果从关于核能的争议来看，类推下去，其实很多新兴的技术，比如人工智能等的争论恐怕也会一直延续下去。

只不过,以往的争论只是限于学术界或社会上的一部分人而已。而在公众理解科学的发展中,这样的争端涉及的人群有了极大的扩充,因而,你前面讲的最后一点,恰恰就是在公众理解科学中超越了"缺失模型"之后的公众参与发展新阶段的意义之所在。因为恰恰是在公众参与的过程中,既改变了公众本身,也在某种程度上约束了科学家和政府,从而才达到了一种新的状态的平衡。至于什么样的新平衡才是理想的,才是对公众和整个社会最有益的,将是在此基础之上发展出的新争议所要关注的事情了。

科学文化与流行文化

江晓原: 科学文化这个提法,在媒体上出现得比较频繁,现在它的边界也在不断地拓展。它和科学史、科学哲学、科学社会学、科学传播都有关系、都有重叠,甚至和流行文化也有相当多的关系。因此,我们不必追求它的明确界定,不妨顺其自然。

其实所谓"流行文化",也没有明确界定。往深处想,会发现很难把握,但表面上却是容易感觉到的,只要最近在某个人群中人人都知道、都在谈论的东西,就是在这个人群中"流行"起来了。我想到一个与科学文化直接有关的例子。

比如当年在英国,据说受过教育的人如果不知道霍金和他的《时间简史》,那就成为老土落伍之人,于是人人都去买上一本《时间简史》——其实大部分人是读不懂的,结果使这本书成为畅销书,而畅销书正是流行文化中一个非常重要的元素。

刘兵: 不过,与科学文化相关的流行,迄今为止毕竟还只有少数的例子。这里,我所联想到的,也许倒是更为世俗一些的流行文化。比如,40年前邓丽君的通俗歌曲在大陆的传播,或30年前红火一时的文化衫,或20年前由"星爷"带动起来的大话文化,或是曾经火遍全网的《东北人都是活雷锋》及捎带推销的酸菜,以及受白领读书人青睐的畿米、让少男少女争相传看的影片与图书《我的野蛮女友》,还有作为"拇指文化"的短信息,如此等等,这些,大约可算是更为大众的流行文化,或至少是流行文化在不同人群中的具体体现吧。相应地,连不同类别人士的生活方式也都与流行连在一起，如小资、Bobo、白领、雅皮、格调主义者、新生活人士等。我以为，这些表面看上去与科学文化不那么沾边的流行文化，往往为科学文化的传播者们所忽视，但这种忽视，或者说对"公众"的所想所乐的不了解，肯定会影响到科学文化的传播方式。

江晓原：你说的那些，恐怕多数是过眼云烟，当然科学文化的传播者也会注意到它们。我知道你是喜欢"星爷"和"大话"的，那碗"酸菜"也吃得津津有味——但是，你该不会主张对这些也见贤思齐吧？

刘兵：在某种程度上，我可以同意过眼烟云的说法，可是，如果仅仅强调永垂不朽的话，那就不是在谈流行文化了。有关科学文化的产品，又有多少是长久不衰的呢？有些东西或许能够成为经典，但绝大多数文化现象恐怕都会随着时间而为人所淡忘，这样说来，曾经能够流行至少是一件好事，现在我们可见的绝大多数科普作品还远远够不上流行呢！关键在于，在这些或许并不长久的流行现象背后，肯定有某种我们还远远未认清的规律或本质，这种无知也许正是目前许多科普或者说科学文化作品难以为大众所喜闻乐见的重要原因之一。在许多学界人士的心目中,往往有一种轻视而且看不起流行文化的心态。曾经在某报的一次座谈会上,谈到流行文化与科普的关系,就有人担心采取流行的形式会把报纸做俗。我当时反驳说,至少就科学文化界,要想俗得到位还远不是一件容易的事呢。过去,我们不是就有"大俗大雅"之说吗?

江晓原:雅俗之说,难言之矣。比如《大话西游》,从感性的层面上,我无论如何难以接受,首先是这种语言,我无法忍受。但这只是我个人的好恶,是非理性领域中的事情。而在理性的层面上,我可以不排除《大话西游》有价值的可能性,我甚至可以不排除它有朝一日成为像莎士比亚那样经典的可能性。当年莎士比亚也是流行文化,也是很俗的,但几百年后,成了高雅的经典。如果《大话西游》能够流行几百年,可能也会有这样的造化。

我想确实有一些学者,会在思想深处潜藏着一个放荡的想法:如果我的学术也能狠狠流行一把,那就俗一次也在所不惜——"为了巴黎,是值得祈祷的啊"。但是,要成功地"俗"一把,"俗"成流行,远非易事。霍金在他出版商的帮助下成功了,但这背后到底有什么规律,实在是难以捉摸,有时有了一点感觉,却又难以言说。也许这正是流行文化的魅力所在?

刘兵: 在你的说法里,还是隐藏了一个观念,即在骨子里还是看不起流行的、"俗"的东西。而那些学者只是为了自己学术的传播,才把流行作为一种权宜的手段,才会"在所不惜",这也就是为了流行而流行。而这种为了流行而流行的做法,恰恰是许多东西想要流行但在实践中流行不起来的重要原因之一。流行,固然在背后有其规律,但更重要的,是一种立场。当科学文化的传播者们仍然以清高的心态把自己放在高高在上的位置上,向那些他们不是很看得起也并不愿意真正理解的"公众"去普及时,又怎么可能让要普及的东西真正流行呢?

> 只有真正地把立场站在公众这边,认同其对流行文化的消费心理的合理性,才是让科学文化作品流行起来的一种重要前提。

江晓原: 我承认,在我看来,好不好才是主要的,流行不流行是次要的。好东西经常不能流行,流行的东西也未必都好。况且公众的口味是随时在变的,一不小心成了流行,费尽心血却遭冷落,都是常见的。做学者的,我想不能将流行作为目标——万一流行了当然也无妨,但是如果从事科学传播工作,恐怕就不宜采取这样"清高"的立场了。

刘兵:说到这里,我们的观点总算有所趋同了。我同意学者的学术研究一般来说不能以流行作为目标,但这只是第一个阶段。理想地讲,成熟的学术迟早有要向公众普及的问题。而在这后一普及阶段,流行与否就变得至关重要了,否则根本就谈不上普及,就是普及的失败。确实,公众对不同流行物的口味总在变化,但在这种变动中,不变的是公众总在保持着追随流行这一事实以及它背后的心态,这里面应当有极为值得研究的规律。我想说的是,作为科学文化的传播者,不能无视这一事实,不能不研究其规律,不能不利用其规律,更不能一概而论地看不起流行。当有了好的学术作为依托,有了骨子里的高雅作为载体,其作品如果能够成功地流行起来,才能说是科学文化传播的理想境界——那就将是经典的流行,也将是流行的经典。

围观一场"为什么相信科学"的讨论

江晓原：《为什么信任科学——反智主义、怀疑论及文化多样性》这本书的主标题，看上去像没事找事，其实却是相当富有启发性的。不过这种启发性的实际后果，可能与作者所期望的大相径庭。

要实现这种启发性，不妨先回想一下，我们从儿时开始接受的教育中，要求我们对科学抱什么态度？——热爱科学。但是在基本教育中，通常不会给出为什么要热爱科学的理由。也许在许多人看来，热爱科学就和热爱祖国一样，不需要理由，但科学毕竟不是祖国，热爱科学需要理由。

让我们先回到"热爱"最原始的意义上去。如果你问一个热恋中的小伙子，为什么热爱那个女孩？如果他回答"因为恋爱哲学已经论证，我应该信任那个女孩，所以我热爱她"，这听起来像不像神经病？如果他朴素地回答"我喜欢她"，或者回答"她多漂亮啊"，那才是正常的。

现在，此书作者就是试图向我们论证：科学哲学或科学社会学能够表明，我们应该信任科学。换句话说，作者想给出我们信任科学的理由。如果你接受了她的理由，是不是接下来就会热爱科学了？依照我们习惯的思维，那当然就应该会的。

刘兵：好，就顺着你的话题来讨论吧。我觉得，你刚举的例子有一定道理，但也有些问题，因为热爱、喜欢某个东西，在很大程度上是一种情感，并不一定与"相信"有联系。所以，人为什么会相信什么，真的是一个很哲学、论证起来很麻烦又会有许多争议的事。一个宗教徒相信宗教，一个科学家相信科学，或许都可以给出他们自己的理由，但为什么他们给出的理由就可以让他们相信？真要讨论起来就会非常复杂甚至说不清楚。依稀记得好多年前我曾听过一个哲学讲座，题目大约是"人们为什么会相信"，报告者最终给出的答案竟然是"因为相信"。当然，前后两个"相信"是在不同的意义层面上的，所以我觉得，人们相信什么，或者说人们相信什么的理由是什么，要想真正讲清这个问题，仅仅依靠哲学论证恐怕真的很难。

但作者既然谈及这个问题，自然也要给出作者的论证。在此书中，第一篇演讲"为什么信任科学：科学史和科学哲学的视角"是非常重要的,很能反映出作者的基本立场和倾向。她在比较详细地总结了科学哲学的研究发展和各家观点之后,给出的结论是:人们相信科学是因为(1)它与世界的持续接触;(2)它的社会属性。你觉得这是关于人们相信科学这件事所独有的、很有说服力的、在逻辑上很严密的论证吗?

江晓原:说实话,我完全没有这样的感觉。我们先来看理由(2)。作者在第一篇演讲中为此花费过不少篇幅,她在"后记"中又一次谈到这个问题,她认为,一直存在于教科书和公众对科学的想象中的观点是"科学家们遵循一个魔法公式(科学方法)来保证结果",她对这种信任科学的理由嗤之以鼻,因为"它经不起历史的推敲"。而能够说服她的理由是"真正经得起推敲的是,把科学描绘成专家们共同的活动,他们使用不同的方法来收集经验证据,并批判性地审查由此得出的主张"。这里所谓的"对科学主张的批判性审查",也就是她强调的科学的"社会属性",这被她正面描述为:"由训练有素、资格齐备的专家组成的群体中,通过专门的制度以集体的方式运作,如同行评议的专业期刊、专业工作坊、科学社团年会和服务于政策目的的科学评估。"

我们都很熟悉，上面这段话就是对科学界"同行评议"的理想化陈述。所以，剥开那些学术话语的包装和递进，作者这条理由用大白话说出来其实就是：科学之所以值得信任是因为它有同行评议。

这话能说服我们吗？同行评议能摒除学术偏见、利害考虑、个人情感的干扰吗？更何况，科学"顶刊"上发表的经过同行评议后来却被判定为造假、剽窃而遭撤稿的论文还少吗？还有那些名垂青史的"伟大的论文"，发表前却并未经过同行评议（例如 1953 年发表在 Nature 上的关于 DNA 双螺旋模型的论文）。将明白易懂的"同行评议"表述成"科学的社会属性"这样弯弯绕的学术黑话，并不能为论证增加一丝一毫的说服力。

刘兵：我也认为作者的这种论证说服不了我。不过，在她的论证中，有一些问题是值得讨论的。比如，针对她论证科学值得相信的两点理由，在进一步的解释中，实际上又可以化为"专业化"和"实践"这两个方面。就第一个方面，可以争辩的是，什么才叫专业化，只以水管工和医生来对比是不能充分说明问题的。我们可以设想，当一个极端相信西医的西医和一个极度只信中医的中医相遇时，他们会彼此认为对方都是符合"专业化"

要求的吗？而且，就像你前面提到的学术偏见、利害考虑、个人情感等因素，即使在同一个行业中，以专业化的限定来解释对科学的信任问题，也并不能令人充分满意。

有趣的是，作者在分析了诸多科学哲学关于科学的理论，指出它们的不恰当性之后，居然很推崇以哈丁的理论为代表的女性主义科学哲学。不过在这方面，我觉得作者很可能也存在一些误解，把女性主义的一些批判转过来用于支撑其说法。比如关于客观性问题，女性主义阵营中很多人对于主观性与客观性相对的二分法及对之赋予的不同价值判断都是持批判立场的，认为在这样的二分法中，人们以前过于贬低了主观性的价值。

当然，作者的有些说法也还是有价值的，比如作者认为在科学家的专业领域之外，他们可能并不比普通人更了解情况。过去曾有人大力宣传，说有多少位诺贝尔奖得主签名支持转基因的宣传，但在那些签名者中，可以归于转基因专业领域的人所占的比例又是多少呢？更何况，讨论为什么信任科学，肯定会涉及所有的人，而不只是科学家。但由于专业的限制，那些"非专业"的人又如何能理解专业而信任科学呢？这似乎是一个更大更复杂的问题。

信任科学还是信任技术

江晓原：我们为什么信任科学，确实是一个非常复杂、非常深刻的问题。我们不妨换一个角度来思考这个问题。

一方面，从哲学上进行"我们应该相信科学"的论证一直无法令人满意，作者正是因此而撰写此书。此书译者则在译序中断言"20世纪以来，从知识论上为科学进行的辩护彻底失败"。但另一方面，在现实生活中，确实有无数的人相信科学。

如果问他们为什么相信科学？绝大多数人肯定不会回答"因为从知识论上为科学进行的辩护是成功的，所以我相信科学"，他们也肯定不会因为此书作者关于"科学与世界的持续接触"和"科学的社会属性"之类的论证而相信科学——公众中有几个人会乐意看这些弯弯绕的学术黑话啊？他们相信科学，其实绝大部分情况下只是从小受的教育使然，人云亦云而已。

更理性一些的人，会因为"科学给我们带来了现代化生活"这个朴素的理由而相信科学。这个理由确实非常朴素——因为事实上它是站不住脚的。在非常大的程度上,带给我们现代化生活的其实是技术,只是我们一直习惯于将技术的成就算到科学的账上而已。

此书作者看来也是愿意将科学和技术有所区分的,她举的技术例子是"管道安装",这确实明显属于应用技术。她在"后记"中说:"将科学(在这里包括了社会科学和自然科学)与诸如管道安装等区分开来的关键因素,是对各种观点进行社会审查的中心地位。"她的意思等于是说:科学有同行评议,而技术没有同行评议。区分科学和技术的关键指标居然是有没有同行评议!不过她的这个说法虽然相当出人意表,但其实也不是十分荒谬。因为在很多情况下,技术可能真的不需要同行评议——实际效果就检验了技术的成败,而科学因为缺乏这样的实效检验,所以不得不求助于漏洞百出的同行评议。

刘兵:人们为什么会相信科学,和有些人为什么会相信宗教,这两个问题有某种相似性,当然不同的人给出信任所依赖的理由和基础是不同的。

但如果把话题转到技术上来,你上面的说法确实可以成立。不过,这又会带来另外的新问题,因为就应用技术的后果来说,某些负面结果会更直接一些,甚至一些反对"科学研究有禁区"的人,也经常会以把科学和技术分开的方式,认为只有技术会在应用中产生负面效应,并以此来支持"科学研究无禁区"的主张。

我们可以先不讨论科学研究有无禁区的问题,而是集中在技术上,毕竟在中国的语境中,"科学"一词也经常在宽泛的意义上把技术包括在内,而且在一些前沿发展中,科学和技术的边界也更趋于模糊。但如果技术真的可能带来负面效应(这一点甚至在国内的基础教育文件和课程标准中也有体现),那么在社会上、在公众中,又如何能够"信任"技术呢?

江晓原:如果我们同意将科学和技术视为两个平行系统,那就不难发现,是否信任技术的问题,比是否信任科学的问题简单得多。我们考虑是否信任技术时,通常都是考虑一项项的具体技术,这就非常简单——管用的技术就信任,不管用的就改进或废弃。可是当我们谈论"是否信任科学"时,却总是将科学视为一个整体,所以你如果表示信任科学,那么以科学的名义做的一切事、说的一切话,你就都要信任。这种局面,风险不是很明显吗? 不仅如此,由于我们习惯将技术的成就算到科学的账上,结果在许多人的习惯思维中就会出现这样一幕：当他乘坐高铁舒适快捷地旅行时，他感叹道"这就是科学的成就啊"，于是他对黑洞、引力波、弦理论……也就都深信不疑了。可是高铁明明是技术，而且和黑洞、引力波、弦理论毫无关系——难道有人能证明高铁是建立在黑洞理论基础上的吗？那么他信任科学的逻辑依据在哪里呢？

刘兵：你说的情况确实存在。一方面，我们在思考这个问题时，确实可以将科学和技术分开，尽管这有时也有一定的困难；另一方面，还要考虑"信任"是指什么，是指其知识是客观的、可靠的、真实的，还是指其知识的应用（无非是精神或物质方面）是可行的、好的、无不良后果的？讲信任技术，也许更多的是指后者。但实际上，无论前者还是后者，又都是在合理的范围内可质疑、可讨论的，而不只是一味以"信任"作为前提就可以无保留、无条件地盲目相信和接受的。或许这样一种立场才是理性的，但令人忧虑的问题在于，许多关于科学和技术的宣传，却是让公众盲目信任，而不是理性怀疑的。

第七日

医学的温度来自不忘初心

医学的温度来自不忘初心

江晓原：我们以前通常接触到的关于医学方面的"科普"读物，主要不外乎两个来源：一是医疗共同体（包括医院、医学院、制药公司等）中从业人员的作品，二是媒体。出于自身利益方面的考虑，来源于前者的"科普"总是在介绍世界医学的新进展、新成果，或是对某些疾病、药物或医疗机构的具体介绍。而媒体在涉及医学话题时，通常总是被科学主义所绑架，绝大部分都是对医疗共同体从业人员"科普"内容的报道、复述和呼应。可以说，一百年来这种状况都没有改变。

与此同时，尽管在西方，"医学"是和"科学""数学"并列的三类学问之一，也就是说，医学不是科学的一部分，但当今的中国公众却普遍将医学视为"自然科学"中的一部分。这种观念和大众媒体在谈论医学问题时的科学主义话语有直接的内在联系。

第七日
医学的温度来自不忘初心

在这种情况下,韩启德院士《医学的温度》一书,实有振聋发聩之功,非常值得我们每一个人认真阅读!韩启德院士从最基层的医生做起,最终走上高层领导岗位,但他长期保持着医疗共同体现役成员的身份。然而和他绝大部分同行迥异的是,他说出了一个有良知、有理性的医生对当今医学现状的真实感受和深刻思考。

首先,韩院士为医学归纳了三个属性:科学性、人文性、社会性。换句话说,医学不再是自然科学的一部分——否则它应该只有一个科学属性。这种对医学自身属性的洞见,打开了广阔的思考空间,也拓展了丰富的话语空间,所以书中新见纷呈、金句迭出,例如:

> 人们对现代医学的不满,不是因为它的衰落,而是因为它的昌盛;不是因为它没有作为,而是因为它不知何时为止。

韩院士从中国和西方医学的历史出发,将医学划分为古代的"传统医学"和如今的"现代医学"。他认为"现代医学"正处在困境之中,所以才有了上面的金句。

刘兵: 对此我也有同感。我以为,韩院士在此书中,涉及了几个重要方面。

其一，是利用西方医学的话语和分析方式，来分析西方现代医学，在承认其重要发现和进展的同时也发现了不足，尤其是依据已有的研究和数据，提出了一些对现在大多数人来说非常具有颠覆性的说法。例如，现在通行的对高血压用药物降压以减少冠心病和脑卒中风险的治疗，实际收效甚微却有更大比例的副作用，又如在健康人群中普遍筛查癌症未必能降低癌症的死亡率却有不可小视的负面效应，等等。其二，是对医学的本质，包括对生命、疾病、健康、死亡、幸福、医学在技术性治疗上的有效性，以及中医西医之争和其间关系等医学哲学问题的探讨，乃至延伸到科学并非完全客观中立等科学哲学的探讨。其三，是对医学与社会之间复杂关系的分析，包括资本对医学发展的促进和对医学技术发展方向的误导。其四，是对医学人文的强调。

当然，这几点总结还不足以完全概括此书的丰富主题，而且其间彼此也有交叉。我们在有限的对谈篇幅内恐怕也只能很有选择地略论一二。不过，当这些重要的主题和相应的观点从这样一位身份特殊且有不凡医学背景的权威人士口中，以这样一种方式说出，其重要性和冲击力显然是非常惊人的。

江晓原：书中的《医学是什么》一篇，在此书中可以说是纲领性的篇章（也是此书篇幅最长的一篇），其中提出了多个重要观点。

首先，是对于"传统医学"概念的充实，韩院士强调：在约略相同的时期，中国和西方都形成了传统医学，而"现代医学"则是由现代科学催生出来的。

其次，韩院士断言，在"传统医学"时期，中医的水平远在西方之上。

然后，也是最重要的，韩院士明确指出了"现代医学"正处于困境之中，此书对于这一点着墨尤多。这种困境从表面上看，表现为许多虚假和荒谬的情景。

例如，在谈到大量新药上市时，韩院士指出："2013年，美国食品药品监督管理局自曝批准上市的抗癌药物75%无效；2013年，美国癌症研究所专家评价2009年以来批准的83种抗癌药物基本不靠谱。即使公认成功的靶向药物，对癌症也并没有治愈作用，它们只能使一部分有对应基因突变的病人平均延长几个月寿命。"

另一个让我印象更为深刻的例子是高血压。韩院士引用唐金陵等人发表在《中华预防医学杂志》上的论文表明：2000年中国把血压标准从原先的160/95 mmHg调整为140/90 mmHg，结果到2009年，仅由此项标准改变引起的高血压人群增加就达1.59亿人！更惊人的是，2017年美国又进一步将血压标准下调为130/80 mmHg，如果当时中国盲目跟进，将凭空再新增1亿高血压患者。但当时中国没有跟进，韩院士在书中明确肯定了中国当时的决策。

那么治疗高血压会产生怎样的效果呢？"专业"的说法是：对高血压患者进行降压治疗可以将冠心病和脑卒中的发病率降低30%。针对这个"专业"的论断，韩院士做了专业的解读：高血压的10年风险率为5.6%，即如果听任高血压存在不去理会，每100位高血压患者在10年内会有5.6人罹患冠心病和脑卒中，而对所有的高血压患者都进行治疗之后，每100位高血压患者在10年内会罹患冠心病和脑卒中的人数下降为3.9人。也就是说，当所有高血压患者都进行降压治疗时，实际上只有不到2%的人受益。

刘兵：韩院士关于对高血压进行药物降压的讨论是非常典型的。前些年在深圳举行的"清华会讲"上，他在大会报告中也重点谈了这点，并引起与会者很大的反响。这也正如我前面所说的，在此案例中，他实际上是利用当下西方医学的方法和研究成果，来发现西方医学当下存在的问题。这也有点像我们的朋友刘华杰教授在讨论SSK（科学知识社会学）时的分析，即SSK是采用科学的方法来研究科学本身，从而发现了科学的问题。

你一开始时也提到，现在关于医学的科普"总是在介绍世界医学的新进展、新成果，或者是对某些疾病、药物、医疗机构的具体介绍"，但像韩院士这样面向公众分析现行西方医学的局限和问题，对公众乃至从业的医生们提出很有颠覆性的观点，这样的情形却很少在当下的医学科普中见到。这说明我们主流的医学科普本身存在着很大的问题，说明了科普的复杂性，也表明科普实际上受到更多因素的影响。

韩院士对医学与社会之间复杂的关系进行了分析，虽然这些问题还有很大的讨论余地，但我觉得，这与我们以往对于科学技术的发展与资本关系的讨论，在倾向性上也是相当一致的。而且，韩院士又是以具体的医学实例来论说的。

江晓原：在《医学的温度》中，韩院士已经明确提到，现代医学的困境和资本的高度介入直接有关。现代医学的"不知何时为止",以及上面提到的高血压、抗癌药等的例子,都明显可以看出是资本在背后起作用。而资本高度介入的后果,就是医学忘记了初心——现在"治病救人"不再是目的,而只是资本增值的手段。为了让资本增值,当然也可以采取"治病救人"之外的手段,比如调整健康指标,让世界上更多的人变成病人,使他们不得不购买更多的药品,资本就能快捷增值。

韩院士还在书中谈到了惊人的"幽灵人":药厂自己炮制了论文,然后请专家署名后在学术刊物上发表,以此来宣传、推销药品。《美国医学会杂志》前不久给900多位医学专家发了调查信,在回收到的600多份信件中,竟有11%的专家承认自己曾为"幽灵人"的论文署名去学术刊物发表。

关于医学杂志和药业公司之间见不得人的关系,韩院士书中也举了一些惊人的例子。例如,2009年美国国会对《脊柱病变化技术杂志》主编兹德布利克(Thomas Zdeblick)的调查发现:他从一家公司收受"专利使用费"2000万美元、"顾问费"200万美元,作为回报,该杂志每期都刊登有关该公司产品的文章,所以《柳叶刀》杂志的主编霍顿(Richard Horlton)感叹说:"医学杂志已经沦落为药企漂白的运作场。"

此外,韩院士在书中不止一次提到格言"有时去治愈,常常去帮助,总是去安慰",他甚至告诉读者,以前他在基层当医生时,"很多病人是被我安慰好的"。注意"安慰"是全部情况(总是),而"治愈"只是部分情况(有时)。

我们是不是可以这样理解:

> 由于医学并不是精密科学,我们对人体生命的运作机制远未完全了解,很多治疗措施其实是无效的——韩院士在书中说"现代医学碰到了循证医学的困境"也有此意,所以在很多情况下,医生对患者提供的安慰其实构成了治疗的一部分。

韩院士对于"医生的态度也是可以治病的"这一点,一卷之中,三致意焉。对此不应该理解为文学修辞,而应该视为对事实的陈述。

刘兵:在医学科普领域,虽然也早有人在倡导医学人文,或者用更通俗的话来说,就是让医学人性化(这本来也是医学的初衷),但非常遗憾的是,在强大的科学主义力量之下,医学人文的普及远远没有达到理想的效果。在这种情况下,更需要一个强有力的声音。韩院士以其特殊的身份,出版了这样一本书,希望这能够成为普及医学人文的一个转折点。

相比其他的科普,医学科普与所有的人都要更贴近、更实用、更接地气。目前,由于医学界种种的问题,以及在科普观念和方式上的误区,实际上造成了许多严重后果。例如医患关系问题,例如人们出于对科学的误解和对医学效能边界的误解,幻想"科学"的医学能解决一切人间病痛,如此等等,不能不说医学科普的不到位在其中也有很大的责任。

在韩院士这本书中,还有一个问题值得谈谈,即他对中医的看法。首先,他将中医排除在科学之外,但他却并非因此而排斥中医,而是对中医给出了很高的评价。这实际上体现出了一种在西医(乃至部分中医)从业者中不多见的医学多元论立场(如果不是说科学多元论立场的话)。这样的立场,显然是人文的,而非科学主义的。由此,是不是可以说,我们对医学人文领域也需要更加宽泛一些的理解,而不只是"有时去治愈,常常去帮助,总是去安慰"那样(当然也非常重要)的基本认识?

弥合科学与人文学科间的裂隙

江晓原：前面我们聊起在现代医学系统中,"硬科学"与"软人文"存在大量的割裂。但其实,很早以前我还注意到另一个现象:某些具有较高学术声望的人士,会在晚年忍不住尝试进行知识的"大综合"或"大融通"。这种尝试往往是在身边好心人的撺掇下作出的,尝试的结果也并非总是一无是处。不过,看着年迈大师在尝试力不从心之事,宅心仁厚的人难免会有一点于心不忍。以前看到爱德华·威尔逊(Edward O. Wilson)的《知识大融通:21世纪的科学与人文》,他的生物学出身让他面对数理科学时力不从心,所以他对数理科学避而不谈,只去"融通"其余的人类知识,我就曾不失温柔敦厚地揶揄过几句。

后来古尔德(Stephen Jay Gould)又来尝试了。无独有偶,古尔德的出身也是生物学领域,而且从书名看他比威尔逊说不定还要更勇敢一些呢——他的这本《刺猬、狐狸与博士的印痕:弥合科学与人文学科间的裂隙》(*The Hedgehog, the Fox, and the Magister's Pox Mending the Gap Between Science and the Humanities*),一看就是野心勃勃之作。

从此书有点东拉西扯的开场来看,生物学出身在他学术风格中的烙印,和在威尔逊身上是类似的。当然,仅仅指出这一点并不足以否定此书的价值。我为我们的对谈给出这样一个不太恭敬的开头,为的是让我们尽可能走出大师的阴影——毕竟,我们决定谈这本书,相当大程度上是因为作者以往的名头。

刘兵: 你在这样说时,似乎还是有意将数理科学和生物学之间拉开了一些距离,或者说是觉得了解数理科学要比了解生物科学难度更大一些,这未免略带有一点对生物学的歧视。不过,我想在那些大师们开始进行"大综合"或"大融通"时,他们对于这种综合或融通所需要的人文知识的理解欠缺,或许是他们不那么成功的更重要的因素。

在这本名为《刺猬、狐狸与博士的印痕》的书中,副标题为"弥合科学与人文学科间的裂隙",这种融通的尺度,显然不仅仅需要对生物科学和数理科学的把握,更需要对跨出科学之外的人文学科的深入理解。而且,在这本书中,他的观点显然与威尔逊的观点大不相同，事实上，书中许多地方也都是以威尔逊作为批评的靶子。

虽然不能要求古尔德对人文学科的理解达到人文学者的程度——反过来人文学者对于科学的理解也同样很难达到科学家的程度，但我以为，恰恰是因为对人文学科理解程度的差异，造成了他与威尔逊的不同，因而才会引起人们对这种综合尝试的关注。

这样的综合是否成功，不同立场的人也许会有不同的评判，但我还是觉得，像古尔德这样一位著名的生物学家，能对人文学科的内容和观点有如此的了解，还真是非常难得，非常值得注意的。

江晓原：还是你宅心仁厚，那就让我们先来看看，古尔德PK威尔逊，会有怎样的结果？

在此书中，古尔德为威尔逊的《知识大融通》写了90页，即第9章"错误的还原之路与一视同仁的融通"，这也是此书最长的一章。

说实话，古尔德还是让我失望了。虽然他不失优雅地试图让读者感觉到他比威尔逊更高明一些，或者至少能够后来居上，但实际上他和威尔逊一样，都是在完全没有涉及物理学、天文学这些精密科学的情况下，谈论

"科学"和人文的"弥合"或"融通"的。可是,在物理学、天文学缺席的情况下,谈论"科学"还有什么完整性?还有多大的意义呢?

在我们习惯的语境中,"科学革命"是怎么开头的,不是哥白尼《天体运行论》的出版吗?"近代科学"或"实验科学"是何时发端的,不是伽利略报告的物理学实验吗?但是在古尔德的这本书中,这一切都完全没有被纳入视野。

我们利用此书的索引来分析一下文本,就能获得有力的证据。虽然牛顿和伽利略的名字分别出现过6次和9次,但没有一次是在谈论他们的物理学。"物理学"在全书中只出现过一次,那是在古尔德提到"物理定律"一词时。"天文学"一词只在古尔德谈论一本别人写的书的书名中出现过一次,《天体运行论》则根本未被提到过。

虽然我曾半开玩笑地写过"物理学沙文主义中的学科鄙视链"这样的文章,指出物理学和天文学这样的"精密科学"居于鄙视链的顶端,而生物学、动物学、昆虫学之类的学科则处在鄙视链的底部,这当然不应该成为我们判断古尔德著作的僵化标尺,但我们毕竟还需要注意到精密科学对"科学"的代表性。古尔德和威尔逊在谈论"弥合"和"融通"时都避开了物理学和天文学这样的精密科学,这不可避免地严重削弱了他们论述的说服力。

刘兵：毕竟古尔德是一位生物学家,威尔逊也是,要他们在精通生物学的同时也精通物理科学,这确实有些难为他们。所以,我倒不是特别关心他们的"融通"是否要把物理学和生物学一网打尽再和人文学科融通,而是关注,就算只在生物科学和人文的融通中,他们之间的差异何在。

比如,当人们赞扬爱因斯坦,说他关心科学（当然也主要是物理学了）的同时也关心人文,并且发表了大量的相关言论,包括哲学（其实像他与玻尔长达几十年的争论已经很难区分其中的科学和哲学了）,但在中国由许良英等人编译的《爱因斯坦文集》三卷本中,也只有一卷是纯科学内容,剩下两卷则是哲学和社会言论,人们也还是无法要求爱因斯坦一定要把生命科学也融进来。

避免强科学主义

江晓原：物理学和动物学对"科学"的代表性是不同的，古尔德毕竟不是爱因斯坦。然而古尔德确实相当自负，在他眼中，伽利略"是一个极其缺乏外交策略的莽夫"，而以谈论"两种文化"著称的斯诺（C. P. Snow）"错误地将一种英国地方现象扩展成了全球模式……他在论证的核心部分混淆了两个不同而且互相独立的要点，它们的不连贯严重损害了他整个论证的逻辑"。

威尔逊当然也无法让他满意，他为批评威尔逊写了此书最长的一章，但那90页的冗长论述给我某种东拉西扯的感觉，至少是没有重点，立场也不明确。相比之下，反而是威尔逊的《知识大融通》对一些人文学术的评价更为旗帜鲜明。

刘兵：将科学的一切（不仅限于物理学和生物学）都掌握，并与人文相融通，这几乎是不太可能的，更不用说在"宽面条"的视野下，除了标准的西方科学外还有那么多被归入"地方性知识"的"科学"呢。那么，我们也许可以降低些要求，只要将某人所熟悉的科学与人文有一个比较好的结合,就已经很好了。在这样的标准之下,我们比较古尔德和威尔逊的融通差异,会觉得前者对于人文的了解要好得多,至少与人文学者的理解更为接近,而威尔逊的立场则要科学主义得多。

江晓原:你认为古尔德对人文的了解比威尔逊所表现得要更好,这个判断,我倒有些疑问。我的感觉是,古尔德对两边的了解都有相当大的局限性。

比如在第6章中,古尔德说:"艺术和人文学术领域的一个秘密是,这些学科的学者们在报告文章时几乎总是在念先前准备好的文本。我发现这一奇怪的做法总是会事与愿违。"这样的判断明显与事实不符,至少在中国学术界是不符合事实的。我们两人或多或少也和西方学术界打过一些交道,我的感觉也不是这样的。要善意解释古尔德的上述错误判断,只能设想为他和"人文学术领域"交往不够多,所以发生了以偏概全的判断。

然而事情还不止于此,古尔德接着写道:"在我继续这番夸夸其谈时,请允许我提及另一件我经常抱怨的事:人文学者们在会议上做报告时几乎完全不展示任何图片——即使是那些明显包含视觉内容的主题。"这样的说法,还真是离"夸夸其谈"不远呢。

从两方面来看，古尔德的上述说法都有问题。首先是"人文学者"报告时几乎不展示任何图片吗？我们知道这当然不是事实，多年来为追求视觉效果而搞"图文并茂"乃至插入视频的PPT不是处处可见吗？其次，"科学家"做报告就一定是图文并茂的吗？古尔德或威尔逊这样的人习惯的动物学昆虫学报告，当然会图文并茂，放进许多照片乃至视频，但是别的"科学"也一定是这样吗？理论物理学家肯定会显示数学公式，但那也不算图文并茂吧？

我不得不怀疑，古尔德在谈论"科学"时，下意识里可能太以偏概全了——他似乎总觉得他们动物学昆虫学或生物学这一派的学问就可以代表"科学"了。事实上，这样的下意识反应在他书中随处可见。在古尔德的"科学"版图中，似乎根本没有物理学和天文学，他也完全用不着意识到这些更能代表"科学"的精密学科的存在。以这样的风格来大谈"弥合"和"融通"，说实话，给我的感觉相当差，这完全无法唤起我对古尔德的敬意，相反只会让我产生从"物理学沙文主义鄙视链"上端发出的某种怜悯。

刘兵：看来这次我们阅读感觉的分歧还是比较大

的。其中一个原因,我想,可能是因为我们各自选择的评判标准有所不同,关注的要点有所不同。或者说,是你定的标准过于高了,那种真正能够通晓包括各门科学学科的科学整体,同时又能精通整个人文学科之精髓的人,出现的概率可能真的是太小了。而在我潜在设定的标准中,能够基于自己学科,在此限度内对科学有所认识,并兼及地了解一些人文研究的核心意向,从而不再坚持那种极端的科学主义立场,这样的"融通"就已经是非常难能可贵了。当然,这也是与众多的鄙视或误解人文,从狭隘的科学基础出发却又很自信地放出宏大的科学主义断言的那些科学家相比较来说的。

比如说,在书中,古尔德对于过分简单化的累积"进步"的历史模型以及坏的"过去"被好的"后来"取代的错误的二分法的认识,对科学与宗教的冲突之复杂性的认识("科学没有权利争夺超出其极为成功的方法边界之外的智识领域"),对于"科学大战"的评论,对于多元性的某种程度的赞赏,"科学需要人文学科来教会我们认识到自己事业古怪且相当主观的一面,教会我们理想的沟通技能,并给我们的能力设置恰当的边界"……类似的例子,在此书中还有不少。就此而言,在我的那个低目标中,我觉得,应该说古尔德已经给众多的科学家树立了某种很理想的榜样,某种重视人文、努力理解人文的意义、避免强科学主义的榜样。虽然在你的高标准下,这样的榜样可能还远未足够高大和完美。

布尔迪厄:哲学家的科学观

江晓原:布尔迪厄在解释为何将科学定为他在法兰西学院最后一年的专题讲座题目时说,这是因为"它如此严肃,我无法给出一个仅以辞令见长的回答",他认为"今天的科学世界正面临着可怕的倒退的威胁"。不过,他当然不会为科学进行科学主义的辩护——事实上,他对于那些激进的反科学主义学说十分赞赏。不知道他讲座的听众都是些什么人,我猜想,应该主要不是科学家。让我们设想,如果他的听众中有某些人——比如霍尔顿,那布尔迪厄说不定会面临听众站起来怒斥他荒谬的局面呢。

刘兵:你说的情况确实是有可能的。在对科学的看法上,彼此间在基本立场上的不同甚至截然相反,不仅在一般人当中普遍存在,在专门以科学为研究对象的人文学者们当中,尤其是在(像霍尔顿那样)传统的学者和更为"新潮"的学者之间,更是存在着而且针锋相对着。不过,在以往对于"新潮"(这里之所以打引号,一方面是指其实就其产生的年代来说或者从它们在西方的发展来说已经不应算是新潮了,而另一方面,则是指在我们这里还颇有新潮的意味)的科学社会学(其实严格地讲应该是科学知识社会学,即SSK)的介绍中,虽然已经有诸多大家的著作被引进,但是像法国著名学者布尔迪厄这本首次被翻译成中文的著作——《科学之科学与反观性——法兰西学院专题讲座2000—2001学年》,即便出版时间比较久远,但也还是非常值得我们讨论的。

这本书分为三部分,第一部分,是对于像建构论的科学社会学或科学知识社会学等已有成果的一种回顾。因为对这部分内容比较熟悉,因此,读来还是很有亲切感的。而此书在作者以自己的观点(尤其是以其"场"或"场域"的概念为核心)来讨论科学的第二部分,和讨论社会科学的第三部分,读起来就很有些陌生感了。也许,这与我们对像布尔迪厄这样的法国学者的有关著作读得少很有关系吧。但无论如何,在讨论中,作者所表现出来的对于科学的看法,在倾向上,却还是可以引起一些我们的共鸣的。不知你以为如何?

江晓原: 这种共鸣我也很强烈,当然这和我们近年一直关心这方面的问题有关。不过,我倒是更感兴趣于布尔迪厄对"社会科学"(这应该是包括在此书书名"科学"一词的含义中的)的看法,这主要集中在此书的第三部分。

在这一部分中,布尔迪厄认为"社会科学"的社会建构比自然科学的社会建构更为严重——这当然是不难想象的。他说,"社会科学是一种社会建筑的社会建筑",在结语中他还说"各种社会科学的特殊性都强制性地要求他做出努力,以构建一种科学的真理,这一真理能把观察者的视角与行动者真实的实践视角整合为自在自足的、在绝对的幻想中自我证实的观点"。联想到我们这里,也习惯将"社会科学"尽量往"科学"上靠,这就恰好将"社会科学"送到布尔迪厄对着科学的枪口上去了。

刘兵: 布尔迪厄这本书的书名强调反观性(即反身性),而他对于社会科学的讨论也涉及这点。其实,对此如果做学术性的争议,那还是大有可论的。不过,在这里似乎不必陷入这种学理的争论中去，而且问题也相当复杂。

值得注意的是，有一些人，在对我们的一些观点进行恶意批判时，总是愿意扯出社会科学的问题来，总是强调说我们认为社会科学不是科学。这里含义模糊不说，其实还是一种想象式的攻击。不过，在布尔迪厄对于社会科学的讨论中，确实是将社会科学与（自然）科学置于相当不同的地位，特别强调其特殊性（当然也包括其问题），而且，他并没有像一些人那样，更愿意说社会科学是对什么科学方法的移植和借用。还有一个值得注意的问题是，在他讨论社会科学部分的行文中，也经常在不同的意义上使用"科学"这个词。

江晓原：确实是这样。其实布尔迪厄就是认为社会科学是对科学方法的移植和借用，也不会颠覆他的基本观点，因为既然对强纲领之类的反科学主义学说都那么欣赏，社会科学在他看来又是更为社会建构的，他当然不会对"在绝对的幻想中自我证实的观点"抱有不切实际的幻想——这种幻想倒是我们这里很多人一直抱着舍不得放下的。

我读布尔迪厄这本书的另一个联想是，好像我们这里的哲学家（或者用我们习惯的表达方式是"哲学工作者"）通常都不去关心此书所论述的事情。即使是专门研究西方哲学的，似乎也不关心这些问题（当然，介绍布尔迪厄学说的或许有之）。在如何看待科学这个问题上，他们中的许多人恐怕还处在"缺省配置"状态吧？

刘兵：你所说的国内哲学家对这类问题不关心，可能会有许多原因。"缺省配置"当然是其中之一，但也还会有其他的原因，例如对"客观性""真理"等本来需要仔细分析的概念不加分析的默认使用等。不过，对于那些真正研究SSK之类的问题的人，在真的弄懂了（或者在相当程度上弄懂了）相关理论研究的成果之后，不发生"缺省配置"的转变，那几乎是不可能的事。这里，倒也许有一个可用的判断依据，即一个长期研究人文社会科学的人，而且是从事前沿工作的人，在接触到那些真正有影响的、对科学的最新人文研究之后，如果还毫不动摇地坚持强科学主义立场，那也许只能说，这样的研究者，还没真正入人文的门呢！

第八日

亲近经典,懂不懂都有收获

关于霍金《站在巨人的肩上》

江晓原：经典永远是值得我们反复研读的。二十年前，斯蒂芬·霍金选择了五位科学大师的著作，加上他所撰写的五位科学大师的传记，编成了一部物理学和天文学的伟大著作集——《站在巨人的肩上》。这五种大师经典是：哥白尼的《天体运行论》、牛顿的《自然哲学之数学原理》、伽利略的《关于两门新科学的对话》、开普勒的《宇宙和谐论》（第五卷）和爱因斯坦的《相对性原理》。辽宁教育出版社当年隆重推出此书的中译本，共两巨册，此举对于科学史及整个学术界皆有重大意义，自不待言。

但是当时有人对霍金的书名有些腹诽，认为霍金是借历史上的科学巨人来自抬身价，他们甚至从书的封面设计上找出端倪——霍金的头像在上方，而五位科学巨人的头像并列在下面。"这不是暗示他霍金站在了这五位巨人的肩上吗?"他们问道。而对于霍金所研究的学问,有些人也认为并不能与这五位科学巨人相提并论。

这样一来,此书书名就出现了一个问题:究竟是谁站在了巨人肩上?是霍金,还是这五位巨人像叠罗汉那样,后面的人站在了前面人的肩上?还是指读者通过阅读这些科学巨人的伟大著作从而站在这些巨人的肩上?

刘兵:关于这本书,有一个前提是不容回避的,即原出版者肯定有相当大的成分是利用霍金的知名度。不过,这样利用霍金的知名度也有好处,即把这几本在科学史上及其重要,但在通常情况下却很难在一般公众或一般图书市场上产生巨大影响的科学经典著作印出来并卖出去。如果考虑到这个前提,我觉得究竟是谁站在谁的肩上也许并不十分重要。当然,人们还是可以对这个命题进行一些分析,而且既然此书的编者霍金本人并未明言,所以在这种分析中,你所提到的几种可能性都可以成立。因为对于这几种解释,都是可以成立的,也都很难说其中的哪个不对。对于一个书名,能够做出多义的解释,一般来说并不是坏事,甚至可以让读者产生更大的联想空间。

至于你说的有人对霍金的腹诽,我想倒不一定有什

么必要。霍金也许并不排除利用科学世俗来自抬身份的潜意识，但就长久来说，即使有了这种自我抬高，如果他与此高度并不相配的话，历史也会自然地将他淘汰。反之，在另外的意义上，讲霍金是站在巨人肩上，也没有什么不可以的，科学的一个重要特征，不就是其知识的积累性吗？就算按照库恩的不可通约性理论，至少在同一研究范式内也是如此，而且这本书中所收的几位科学巨匠，在历史发展的前后逻辑上，也确实与霍金是处于同一传统的。

因此，我倒是不太关心这本书的书名问题，而是会想到另一个问题。这本在一定程度上以霍金的知名度为基础来包装并推向市场的著作，并不是那种通俗易懂的作品，甚至与霍金本人那本因其通俗的外在形象和其他一些因素使得众人要买却很难完全读懂的《时间简史》（就更不用说像《果壳中的宇宙》了）相比，其内容要艰深得多，如果不是真正对科学史有兴趣，而且有相当的历史知识和科学知识，普通公众是极难读懂哪怕其中部分内容的。那么，对于这种在出版者制造的市场和实际读者与此书之间存在的巨大隔阂，我们又该怎样看待呢？

江晓原：书名的问题，原是说着玩玩的，就是霍金真要这么"站"，我也没有太大意见。但是你说的"巨大隔阂"，我倒觉得无伤大雅——非但无伤大雅，简直就是一种功德。

我知道，很可能会发生这样的情形：某些读者被霍金的名望所打动，就购买了这两巨册的《站在巨人的肩上》（不算贵，全两册148元），但是回家一看，天啊！这些玩意儿怎么看得懂？会不会暗骂霍金与书商勾结骗他的钱？

但即使真是这样，我认为读者买一套回去仍然不亏。记得在此书的新闻发布会上，书评家止庵有一番精彩发言，他说，他知道这书中的内容自己多半是读不懂的，但是为了知道这些如雷贯耳的科学经典名著究竟是什么样子，他还是愿意读一读、看一看，"起码也和大师照个面"。止庵这话说得既坦白又实在。

想想也是，我们和经典原著已经疏离得太久了，我们已经不习惯亲近科学大师和他们的原著了，为什么不在霍金的建议下——或引诱下——来亲近一把呢？对于人文学术的大师及其经典原著，我们有时还偶尔亲近一下的，或者至少还会有亲近一下的冲动；但是对于科学大师及其经典原著,我们久矣就连亲近一下的冲动都没有了。

造成这种现象有两方面的原因:

一是因为科学经典毕竟和人文经典不一样,科学经典有一个较高的专业门槛,而人文经典往往门槛较低甚至没有门槛。比如《天体运行论》和《红与黑》,前者没有一定的数理基础就读不懂,可是后者几乎谁都能读(尽管读后有没有感觉、有没有被打动就因人而异了);再比如《伯罗奔尼撒战争史》《罗马帝国衰亡史》之类的经典,比《红与黑》之类难读些,不过中学生是能读懂的,但你不可能让中学生读懂爱因斯坦的《相对性原理》(天才神童除外)。

二是有一种观念,认为对于掌握科学知识来说,阅读大师原著远不如阅读教材或普及读物来得有效。比如许多人认为,如果你要了解行星运动三定律,你只要查一下天文爱好者手册就能知道,有什么必要去啃几百年前开普勒的原著呢?这话虽然是不错,但是,阅读天文爱好者手册和阅读开普勒的原著毕竟不是一回事,这两者是完全不能相互替代的。

刘兵: 从原则上讲,我可以同意你的说法,即对于普通读者,哪怕是体味一下历史上的科学名著的味道和感觉也是件不错的事。不过,我还可以提出另外一种不同的说法。也就是说,对于普通公众,真的必要认真地阅读像哥白尼的《天体运行论》这样的科学原著吗?极端一点讲,我觉得其实也没有必要。别说普通公众了,就是在一线从事科学研究的科学家们,也不一定有这样的要求。在发布会上,我也曾谈到了这样的想法,不过,当时有人补充说,对于那些想成为科学大家的人,还是有必要的。这我也同意,对科学的历史、文化有着特殊兴趣的人,当然应该读读这样的名著。不过我还是坚持认为这样的阅读对于普通公众不是必要的。

说不是必要的,并不是说完全没有意义,因为体会一下历史的文化情境,就像止庵说的那样,真正通过阅读原著来了解科学毕竟有其重要意义。

> 对于大众,以更轻松的方式来接触科学也许更合乎教育的规律,也更人性化一些。

这样讲并不是全盘否定此书的意义,而只是对其意义进行了一点有限的限制,不至于过分夸大。

实际上，当文化发达到一定程度时，以中国的人口基数，仅仅有体验一下与大师"见面"的历史感需求的人，就会有许多许多，足以让书商们有钱可赚。这就像那些收藏古董的人一样，除了那些真正热爱、真有研究的人，也有想以此投机发财的，也有只是想增加一些文化教养的（哪怕只是形式上如此），后者同样也是值得鼓励的，也对"文化事业"（包括狭义的古董市场意义上的和广义的公众文化素质意义上的）有所贡献。不过，与此稍有差别的是，目前就科学来说，还远没有形成可与古董收藏相比的那样一种文化氛围，而这种文化氛围的形成，则需要从事科学文化传播的工作者们继续努力。

再走近一次爱因斯坦吧

江晓原：《走近爱因斯坦》实际上是一本爱因斯坦的文选，其中物理学的理论只占极小的位置，绝大部分都是爱因斯坦对人生、社会、宗教、教育、哲学、犹太人问题等方面的思考。这样安排是非常合理的。因为老实说，对于大多数读者来说，要想"走近爱因斯坦"，如果从相对论那里走，那是难上加难。

刘兵：确实如此。这实际上涉及公众理解科学的一个重要问题，即对于公众来说，最为迫切地需要理解的，究竟是具体的科学知识，还是科学思想、科学意识以及科学精神？像相对论这样的物理理论，要想真正准确地理解，恐怕是需要大学以上水平的，平常在那些普及性的传播中，公众所获得的，只是一些一般性的概念和形象的比喻性说明而已。而且，对于相对论的提出者爱因斯坦这位超级大科学家来说，除了他的相对论等非常杰出的科学理论，他对于与科学相关的哲学思考，对于诸多社会、政治、文化问题的关注和精辟的言论，有时却在传统的只注意传播具体科学知识的科普中缺席了，这不能不说是一件令人遗憾的事。而像《走近爱因斯坦》这样的爱因斯坦言论选本，正因为集中反映的是那些可为公众所理解而且也为公众所迫切需要的爱因斯坦对于社会、文化、政治等方面的思考，才显得独具特色。

另外，对于那些想对爱因斯坦的科学工作也有所了解的读者，此书在附录中收录了编者所写的《爱因斯坦奇迹年探源》一文，介绍了爱因斯坦最有代表性的科学工作。附录中的爱因斯坦年谱,以及在此书中收录的大量反映爱因斯坦一生各个时期活动的照片,也使得此书保持了一种内容结构上的完备性和形象化的可读性。

江晓原:书中有"反对纳粹暴行"一辑,所收的文章特别有意思。比如《希特勒怎样会上台的》一文,其中说希特勒"不适宜做任何有益的工作",我每次读到这句话都会一笑——这真是一句不乏幽默的精辟评语。仔细想想,世界上真的有这样一种人,他们唯一能够胜任的事情就是破坏社会、破坏公众的福祉。让这样的人得掌大权,那就是人类的浩劫了——幸好在绝大部分情况下这样的人还未能掌权。

当然,这一辑中最重要的文章,无疑是《为建议研制原子弹给罗斯福总统的信》,这封信被认为对促使美国赶在纳粹之前造出原子弹起了相当重要的作用。虽然后来有人认为原子弹太残酷,会毁灭人类等,但在当时,爱因斯坦写这封信,绝对是一个科学家社会责任感的表现。

1952年9月15日,日本的《改造》杂志写信给爱因斯坦,向他提了四个问题,其中第四个是:"既然您完全明白原子弹可怕的破坏力,那您为什么还要参与原子弹的制造?"爱因斯坦于是发表了《为制造原子弹问题给日本〈改造〉杂志的声明》一文,正面回答了日本人的问题:"我那时只能这样做,再无其他可以选择的余地,尽管我始终是一个虔诚的和平主义者。"爱因斯坦还指出:"反对制造某些特殊的武器,那是无济于事的;唯一解决的办法是消除战争和战争的威胁。"爱因斯坦当然用不着提醒那家日本杂志,在美国和日本之间,是日本偷袭了珍珠港,发动了太平洋战争,而原子弹至少对于结束这场战争起到了促进作用。诸如此类的文献,读来让人兴味盎然。

刘兵:如果按照这种方式来分析,我想,此书中重要而且极有意义的文章就太多了。例如,像"教育"这一辑,其中《论教育》那篇文章,就很值得我们的教育管理者、广大教师以及同学们认真地读读。我也曾在为大学生编的科学文化读本《认识科学》中专门选择了这篇文章。在目前有关国内教育现状及其存在问题诸多讨论的背景下,再读爱因斯坦论教育的文章,会发现他在文中许多精辟的论述,早已超前于我们的讨论,而且对于今日教育时弊仍有很强的批判作用,对我们理解何为理想的教育仍是极有启发性的。又如在"宗教"一辑中的几篇文章，我们从爱因斯坦谈论宗教、科学与人生之关系的言论中，也可以体会一位真正的大科学家的深刻思考，而绝不会看到像如今某些自命为科学代言人那样狂妄浅薄的轻率断言，如此等等。可以说，几乎每一个阅读此书的人，都会在其中发现有震撼力的文章。

因而可以说，在他的纯科学论文和科学知识普及文章之外，通过阅读爱因斯坦在哲学、政治、社会、人生等方面的言论，感受和学习在爱因斯坦身上体现出来的那种社会责任感，广大读者会发现他们也许还不够熟悉的"另一个爱因斯坦"，并有所获益。

江晓原：关于"科学家的社会责任感"，思索起来其实是颇有困扰的。

比如，我们经常谈到"科学家的社会责任感"，这种习以为常的提法，是不是暗含着某种不言而喻的前提呢？例如我们似乎很少提到"历史学家的社会责任感"，如果也应该有这种责任感的话——我想当然应该有的，它是不是和"科学家的社会责任感"等量齐观呢？或者，我们应该对科学家有着更多的期望、更高的要求？

又如，爱因斯坦不是一个书斋里的学者，他关注着社会，所以他以给罗斯福总统写信的实际行动促进了原子弹在美国的研制。如果这个行动被视为他具有社会责任感的证明的话，那么那些为纳粹政权研制原子弹的德国科学家，站在他们的政治立场上，是不是也可以将他们的行动视为社会责任感的证明呢？这么说来，"社会责任感"是不是也应该有正义的和非正义的之分呢？

刘兵：我想，以最简单的方式，你提的这个问题也要分两个层次来回答。首先，是科学家应不应有社会责任感。对此的回答，我认为在理想状态下是肯定的。科学家由于其工作对社会可能会产生的重要影响，由于其对相关科学知识的深入了解，也因为其智力和在社会上的影响力，当然应该承担起让我们生活的社会在应用科学技术方面更为合理的、在社会发展上以更为理想的方式运行的责任。

其次，则是社会责任感中体现出来的正义和非正义的问题。对于后者，有时人们会有争议，但总还是有一些最基本的社会正义准则吧，如人道、人性、人权、民主等。我们通常所说的科学家的社会责任感，当然是指与这些基本准则相一致的社会责任感，而那些与此相违背的，则不在被倡导之列。你所举出的为纳粹政权研制原子弹的科学家的行为，不恰恰是表现出了一种没有正义的社会责任感的情形吗?

而要让现在和未来的科学家具有正义的社会责任感（也就是我们通常简称的社会责任感），教育恐怕是最为重要的手段。

作为社会活动家的爱因斯坦

江晓原：前面我们聊了《走近爱因斯坦》，谈到关于"科学家的社会责任感"，而这套《爱因斯坦全集》的第12、13两卷，便着重反映了爱因斯坦在1921—1923年间的大量社会活动，不同背景的读者只要肯耐心读一部分，就必会从中读到各自感兴趣的内容，当真是仁者见仁智者见智。

在编辑名人书信时，始终有一个非常麻烦的问题：按照什么顺序来编排。首先能想到的是按照时间先后来编排，这最省事，也能言之成理。但缺点是，名人们通常要同时和很多人打交道，要同时处理很多件事情，而且那些事情往往还会持续相当长的时间，简单地按照时间先后编排，许多事情的过程就会显得支离破碎。

另一种办法是按照事件将往来书信分类，每个事件的相关书信则仍按时间先后编排，这样的好处是能对事件的来龙去脉有更好的把握和理解，有点类似中国古代史书编纂中的"纪事本末体"。但这对编辑者有着非常高的要求，而且如果有些信件涉及了不止一个事件，将信件归到哪个事件下，就会让编辑进退维谷。

从第12和13两卷的编排来看，编辑者还是选择了按照时间先后来编排。但是为了弥补这种编排方案容易让事件显得支离破碎的弊端，编辑者做了一番相当为读者着想的工作：在每卷正文前面写了很长的序，序中将主人公参与的重要事情逐一梳理并简述。

例如，在反映1921年活动的第12卷，编辑者写了长达37页的序（指中译本，包括注释），序中将爱因斯坦本年的往来书信归纳为六个大类：（1）爱因斯坦和犹太复国运动及希伯来大学计划；（2）关于相对论；（3）爱因斯坦与前妻及两子的关系；（4）爱因斯坦在德国国内的境遇；（5）爱因斯坦在科学方面的各种想法；（6）爱因斯坦与当时各国科学界的合作及交流。这个长序就为读者提供了很大的方便。

刘兵：确实，爱因斯坦一直是研究的热点。但除去汗牛充栋的一般性涉及爱因斯坦的出版物之外，真正有特色、有价值的关于爱因斯坦的图书其实并不是很多，不过这些书我们也还是谈不完的。在那些真正有特色、有价值的关于爱因斯坦的书中，这套《爱因斯坦全集》绝对可以说是精品中的精品。

刚才你提到的，在12、13卷中采取的编排方式问题，我觉得倒也不是很大的事。让我最为感慨的，还是你提到的在书前的长序，其实这已经远远不能说是常见的一般性的序言了。首先，这已经是对书中包含日期在内的相关材料的非常系统、扎实的研究了！在这样的研究性序言的指导下，读者自然会比较方便地在书中找到自己感兴趣的内容。这不仅仅对于研究者，对于那些关注爱因斯坦的普通读者亦是如此。连带的感叹就是，至少在我受见识所限而接触的其他那些名人"全集"或"选集"中，几乎就没有看到过如此扎实的研究性序言。

江晓原：这两卷的序确实很下功夫。第13卷所收书信的时间跨度是1922—1923年，涉及的事情更为复杂，所以序中归纳了九个大类：（1）关于光和量子的实验；（2）关于超导；（3）量子论；（4）相对论；（5）爱因斯坦1922年春的巴黎之行；（6）爱因斯坦在德国国内的险恶处境；（7）1922和1923年之交爱因斯坦在远东及巴勒斯坦和西班牙的旅行；（8）关于一些技术发明；（9）爱因斯坦在旅途中的思考和写作。

从第13卷起，编辑体例有所变更：编辑者将文章、日记和往来书信按照时间顺序混编在一起。这一卷的内容也更为丰富。首先，我解决了一个疑问：为何这一卷中也收入了1910—1921年间的若干书信和文章？编辑者在序中交代说，是因为"它们是在近几年才为编辑所知的"，这证实了我在第12卷中发现类似现象时的猜测，但是编辑者在第12卷中没有交代为何如此。

在第13卷所涉及的时间里，爱因斯坦1922—1923年之交在东南亚地区、巴勒斯坦、西班牙的长达5个月的旅行，无疑是一个重要事件。在这次旅行中，爱因斯坦到达了上海，他也是在这次旅途中得知自己获得了诺贝尔物理学奖的。爱因斯坦为这次旅行留下了一部日记，这部日记首次在本卷中全文发表：《在日本、巴勒斯坦和西班牙的旅行日记，1922年10月6日至1923年3月12日》，占据了57页的篇幅。

爱因斯坦的这次旅行，有一个细节吸引了我的注意：

当得知爱因斯坦会经过中国时，北京大学打算请他演讲，校长蔡元培给出的报酬，按照当时的汇率，合540美元，爱因斯坦感觉报酬太低无法接受。有趣的是，爱因斯坦这样为自己讲价：他致信中国驻德公使魏宸组，表示接受邀请，但他又表示："因为其他国家提出的，还有像美国的几所大学已经支付的酬金，都远在贵国之上，如果我接受贵方条件，对其他国家未免太不公平。"接着他开出了自己的要价：演讲酬金1000美元；并为他和妻子支付从东京到北京、从北京到香港的旅费，以及在北京的宾馆费用。北京大学完全接受了爱因斯坦的条件，不过这次演讲最终并未实现。

刘兵：可以说，这两卷所收入的材料的内容真是异常丰富。在通常的爱因斯坦传记中，部分因为篇幅限制，不可能将所有关于爱因斯坦的事情都包括在内，但对于研究者来说，甚至对于对爱因斯坦有特殊关注的普通读者来说，那些未在一般的爱因斯坦传记中得以讨论的内容，却可以在此书中发现，而且，更是由于有着充分研究的序言的引导，也更容易找到相关的内容。

以我为例，许多年前，我曾花费了不少的时间研究超导物理学史。当这样的研究深入到一定程度上时，自然也会转向关注一些更加细节和有趣的问题。我也曾写过像《玻尔与超导物理学》《爱因斯坦与超导物理学》等论文。我还记得，在30多年前我写成并发表了"爱因斯坦与超导物理学"这篇论文时，找资料非常困难，花费了好大的力气，而在30年后的现在，若是要再写这样的论文，此书所收录的材料，以及序言对之的介绍和描述，真的已经很详细和充分了。

在你所列举的第13卷的序言中分类提及的不同主题中，除了科学性的，也还有大量社会与人文类的，关于爱因斯坦访问中国的许多细节内容当然也是其中一例。许多年前，也曾有人对之做过研究。而从现在所披露出来的材料来看，《爱因斯坦全集》除了在材料的寻找和收集方面所提供的巨大便利之外，其中涉及的许多细节，更是令人兴趣盎然。

江晓原： 确实如此。比如，以前我们只知道以色列曾希望爱因斯坦去担任总统，但爱因斯坦婉拒了。现在从这两卷来看，原来爱因斯坦和犹太复国运动有着千丝万缕的关系。爱因斯坦最初对美国之行不感兴趣，1921年他拒绝了为他提供"丰厚报酬"的六所美国大学的邀请，但是后来犹太复国运动打动了他。在第12卷中有大量往来书信都涉及此事。诚如编辑者在序中所言:"尽管他(爱因斯坦)本人不是一个民族主义者,但他也希望犹太人能够在巴勒斯坦拥有一小块寄居地……爱因斯坦的这次旅行是为了犹太复国主义者的利益,而不是为了他个人的利益。"

又如,这两卷中当然都有关于相对论的书信,随着爱因斯坦的美国之行,他正在一天天变得名满天下,许多地方都急着邀请他去做关于相对论的演讲,这原是意料之中的。但是我们看看他写给时任太太 Elsa(一年多前结婚,原是他寡居的表姐)的撒娇信中是怎样谈论相对论的:"现在我特别讨厌谈相对论!甚至这样一件事都变得苍白,当一个人太专注于它的时候……"当时爱因斯坦正在布拉格旅行。

再如,虽然爱因斯坦在国外的旅行通常总是由演讲、采访、鲜花、派对、崇拜者……组成,基本上可以说是风光无限,但是据这两卷中的许多书信和文件反映,爱因斯坦在德国国内的处境却越来越不妙了。1921年出现了要求刺杀爱因斯坦的传单。爱因斯坦也对某些街头游行示威表示支持(太太 Elsa 还直接参加了某些示威)。对爱因斯坦的攻击和敌意甚至扩展到他已经离婚的第一任妻子Mileva的身上。而另一件事对爱因斯坦刺激更大：1922年6月24日，时任德国外交部长W. Rathenau被右翼分子刺杀，这让爱因斯坦感觉到，"作为一位德国公共生活中杰出的犹太左翼人士，他处于实实在在的人身危险之中"。

刘兵：是啊，正是这样许许多多的内容，而且是以严肃可靠的原始材料的方式，向专业研究者和对爱因斯坦有兴趣的各类读者展示了此"全集"的魅力之所在。应该说，现在我们也经常可以看到国内学者所编的一些名人全集之类图书的出版，但限于各种原因，总是觉得无论在材料收集的完整性，还是对材料的鉴别和对于材料及整体人物的研究方面，都不像这部爱因斯坦全集的编者所做的那么到位、那么精致。

对于研究者来说，爱因斯坦是一个无尽的宝藏，有许许多多的角度和话题值得研究，而这部《爱因斯坦全集》则为研究者提供了如此理想的便利，或许许多研究者所担心的，只是由于原书的编辑和翻译，因其困难和认真，进展总是让人觉得太慢，从而影响到能接触珍贵材料的时间，但这似乎也是没有办法的事。尤其可以再次强调的是，此"全集"绝非仅仅是适合研究者阅读参考的。从我们前面提到的有限例子(其实这两卷中像这样的例子实在是太多了)也可以体会到,对于有心的普通公众,如果能有机会接触,肯定也会被其所吸引,它所呈现的爱因斯坦的形象,也许比很多现成的爱因斯坦传记所转达的,要更生动、更鲜活、更原汁原味。

物理学家的人文情怀

江晓原:记得我在 20 世纪 80 年代初,念到大学三年级时,校园里流行着几种美国的物理学教材,其中就有《费曼物理学讲义》(*The Feynman Lectures on Physics*)。

《费曼物理学讲义》对 20 世纪物理学的两大重要成就——相对论和量子力学做了系统介绍,书中还反映了费曼和其他前沿物理学家对一些问题的分析和处理方法。因为书中对基本概念、定理和定律的讲解,特别注重从物理上作出深刻叙述,而且全书系根据课堂讲授的录音整理编辑的(据说费曼讲课通常只带一张纸),保留了费曼讲课生动活泼、引人入胜的独特风格,所以很受欢迎。但是费曼作为一个"科学明星",进入中国各大学物理系师生之外的公众视野,基本上还是近二十年的事情。这时费曼更让我们关注的,早已不仅仅是他的物理学了。

刘兵:与你类似,我也是在上大学学物理时,曾自己购买了当年原文影印版的三大卷《费曼物理学讲义》,这在当时也算是一大笔开销呢。尽管没有全部通读,毕竟也对读过的某些部分留下了深刻印象。例如,当时我在学习超导物理学时,费曼对于弱连接超导体的约瑟夫森效应的一个简化明了的独特证明,就让人记忆至今。而且,那个本是在一本面向大学生讲普通物理的课堂讲义中对一个专业问题的证明,后来竟成为许多超导专著所常用的内容,这也显示出费曼的与众不同。

当然,后来了解到作为一个"科学明星"的费曼,先是在国外做访问学者时,看到那本后来被译为《别闹了,费曼先生》(在湖南科学技术出版社后出的另一个版本中,又被译为《别逗了,费曼先生》)的原著,然后就到21世纪了,他的两本同样是很特殊的传记(由别人记录他的言行、故事)中译本的出版,也产生了相当大的影响。其实，在此之前，早在1989年，科学出版社就出版了《别闹了，费曼先生》的第一个中译本，当时用的书名是《爱开玩笑的科学家——费曼》。

江晓原：关于费曼的物理学成就和造诣，各方早有公论，也不是我们所关心的重点。当费曼以一个"科学明星"的身份进入中国公众的视野时，其实大家更关心的是他的思想——其中当然包括他对科学的看法。另外，当他成为公众人物后，也不可避免地被要求扮演某种类似"公共知识分子"的角色，对物理学之外的各种问题发表意见。

例如，在《这个不科学的年代！》一书中，收有费曼的三次演讲，其中颇多他对科学本质的思考和对其他社会问题的看法，并且尽可能地保留着演讲现场的语言痕迹，读来非常有趣。在第二场演讲中，费曼讲到科学在应用时的局限，虽然用的是非常浅显的大白话，所言之理却很深刻。费曼说，"我该不该这样做？"永远是人类面对的大问题，而在这个问题上科学无法帮助你解决。他分析说，这个问题可以分成两部分：第一部分是"如果我这样做了会发生什么后果"，第二部分是"我希望这些后果发生吗"。第一部分科学有可能帮助你，但是第二部分科学无法帮助你，所以费曼的结论是：科学无法替道德问题——其实也可以理解为价值问题——做决定。

比方说,科学可以告诉你,一颗原子弹爆炸会杀死许多人,但是要不要杀死这些人呢,科学却无法帮助你做决定。其实类似的思想,早年我在读赖欣巴赫《科学哲学的兴起》一书时就接触过。不过赖欣巴赫并不是谈论科学的局限,而是鼓吹一种"科学的"哲学,这种哲学试图帮助你分析各种行动的后果,但是最终要不要采取某个行动(即你要不要某个后果),则不是他能够帮助你解决的。

刘兵:如果从费曼作为"科学明星"来说,那他确实很有些"公共知识分子"的味道,他甚至曾参与对航天飞机失事原因的调查,以及对中小学教科书的审查工作等,这都颇有"公共知识分子"的特色。但尽管如此,我还是觉得,与更为标准的"公共知识分子"形象相比,也许他的"个人化"特色要比其"公共"特色更为突出。

即使在这种可以用非常个人化、个性化来描述的特色中,费曼也可以说是科学家中非常突出的。这也许在他的那两本特殊的"传记"(即《你干吗在乎别人怎么想》和《别闹了,费曼先生》)中,就给了读者深刻的印象。

而在《费曼手札——不休止的鼓声》一书中,他的那种与众不同的个性,通过更为真实的费曼个人通信,又可以让人们有进一步的认识。应该可以想象,他在写这些信时是不准备发表的,从而应该比为了发表的目的而向别人讲自己要更可信。至少,在我的记忆中,像他几次力辞不当美国国家科学院院士——这倒可与我们这里的科学家们争当院士形成绝对鲜明的对比,又比如他与人打赌在若干年内不做行政管理工作,拒绝接受荣誉博士学位,拒绝《今日物理》向他免费寄赠杂志,等等,可举的例子实在是不少呢。

江晓原: 那倒真是如此。昔王尔德有名言曰"除了诱惑,我什么都能抗拒",寄赠杂志这种小诱惑我都很难抗拒(估计你也差不多吧),更大的诱惑恐怕就更难抗拒了。

你上面说的这些费曼的逸事,都表明他属于特立独行之人。人生在世,真要想做到特立独行,其实殊非易事,自身既要有特立独行的资本,外部又要有特立独行的条件。费曼恰恰这两项都具备,所以才能不时安然上演特立独行的喜剧。一方面,他是物理学天才,有成就有地位,特立独行就容易得到周围人的宽容;另一方面,在美国,可能人们对生活中那些特立独行的人本来就相当宽容。

不过,费曼也有他认真工作小心谨慎的一面,不是一直那么游戏人间的——这似乎是他成名以后才给人的强烈印象吧。在《费曼手札》中有一封费曼21岁那年在普林斯顿大学念研究生时写给他母亲叙家常的信,有一段说:"昨天晚上,惠勒教授忽然有事离开学校,我只好替他上今天力学的课。我昨夜花了一整晚的时间,准备今天的课程。"惠勒是费曼的指导教授。你看,第一次给老师代课,费曼还是准备得非常认真的,这和后来关于他"上课只带一张纸"的传说很不相同。

刘兵:确实如此。在《费曼手札》中还有另一个例子给我很深刻的印象,即他对"民科"们和一些还不一定算得上是"民科"而只是热爱科学的中小学生来信的回复。我想,我们恐怕或多或少地都收到过不少类似的"民科"来信甚至还会遇到他们登门拜访。而我们的反应又是怎样的呢?虽然我们现在在理论研究和相关的理论认识上(以及在部分实践上)对"民科"并没有像许多人那样歧视,但我们毕竟很少像费曼那样能够一封封地回复他们的来信,回答他们的问题。当然,他们对费曼回答的反应也和我们预期的差不多。我们还可以用人数多少以及工作忙否或其他更多的理由为我们的不理睬做出解释，不过，这里更重要的，似乎还是一个认真的态度，甚至某种在类似社会责任那种意义上的为人方式吧。

当然，比起在以往的传记中谈及的费曼更为传奇、更为特立独行的做事风格，这些费曼认真的地方似乎不那么突出，人们似乎总是更加关注与众不同的东西，但我们同样可以设想，如果没有那些认真（甚至比其他人更加认真）的工作，费曼也不大可能成为那样一个成功的物理学家。也许他与其他成功的物理学家的主要不同之处，就是他在某种有共性的努力而带来的成功（当然这种共性的努力不是全部，而是重要因素之一）的过程中以及在成功之后，仍然乐于并且敢于保持着他在为人处事上与众不同的个性化的方面。

再回应一下你刚说过的一个人可以特立独行的内部和外部条件问题。就此，我还可以举另一例子：我以前曾与人说过，其实，苏联著名物理学家朗道与费曼在为人处事的个性上以及工作方式上似乎颇有相似之处，只是恰恰由于外部条件的约束，才使得朗道没有费曼那样自如，那样更可以自由发挥其个性。你说是不是？

第九日

人类和科学：谁控制谁

人类和科学：谁控制谁

江晓原：这本《科学的统治》（尽管内文对应的这个词都译为"治理"，但在深层意义上这两者没有多大差别），书名就让人颇生遐想，我们是被科学统治着（或治理着）吗？

在我们熟悉的语境中，这应该是一个陌生的说法。我们习惯于说我们"掌握科学技术"。夫"掌握"者，当然是"掌握"的人控制着"被掌握"的东西，我们"掌握科学技术"当然意味着我们控制着、利用着科学技术。但是现在已经有许多人在担忧，这个我们自以为被我们"掌握"着的东西，很可能已经（或将要）反过来控制（或统治、治理）我们了。甚至可以说，电影《黑客帝国》中人类受制于Matrix的情形，其实已经在某种程度上开始出现了。

另一个我非常感兴趣的角度，是作者集中力量讨论的一个问题：科学在我们的社会中具有无限的"犯错权"吗？我觉得这个问题和我早些年在《科学时报》上质疑过的"科学带来的问题只能靠科学来解决"有内在的相通之处。

刘兵：先顺着你的话题说。关于统治或治理，你说的确实有道理。我也觉得，在这种意义上，此书作为一本科学之政治学的研究著作，是非常有趣的——尽管由于语言和非常专业的内容导致它并不容易阅读。尤其是，这种对科学的政治学研究，除了传统政治学理论的基础，又加入了诸多学科，如科学哲学、科学社会学、科学心理学等，对科学进行研究的前沿成果，使得它的叙述讨论不同于一般性的议论。

其次，就你刚说到的"犯错权"问题，虽然此书中译本的内容提要中也说该书作者"将论题集中在'犯错权'上来理论构架"，我却不完全觉得如此。因为这里所讲的"犯错权"，主要是从一种政治学意义上来讲的，与那种更贴近技术性意味的"犯错"，还不完全是一回事，而且，它又是隐藏在作者叙述的背后的。

在我初看此书的印象中，最突出者，是它颠覆了许多我们平常看起来似乎是天经地义而且未加深入思考的概念。从大的方面来讲，对于大科学问题、大学问题、从科学之功能到科学家与政府和公众对之治理的问题，小到诸多更具体的问题，都基于政治学（又不仅仅是政治学）的视角给出了令我们耳目一新的看法。

江晓原：确实如此，书中有许多在我们习惯的语境中闻所未闻的论断。

比如，作者说："科学家的大脑和非科学家的大脑看来几乎没有任何区别。即使得到过'正确'的形式逻辑、统计方法和实验设计等训练，科学家同非科学家一样容易犯错误和抱有思想偏见。"那么，和普通公众相比，科学家为什么能显出知识方面的巨大权威和优越性呢？作者说，这是因为"科学家是有组织的，这种方式使他们在整体上远远超过部分之和"。仔细想想，这真是一个非常惊人的思考。

又如，对于"提高公众科学素养"，作者颇不以为然。理由是：一，这"建立在将人的智力加以'科学的'和'普通的'区别这种错误观念上"；二，即使两者之间真有区别，"提高民众的科学素养本身不能为民众参与科学行为提供任何新的机遇"。作者拒绝以"科学素养"作为向公众展示科学的策略，因为这种策略"充其量只是保护了（公众）某种被灌输的状态，而不能帮助广大公众（对科学活动）进行真正参与"。

再如，作者甚至说："科学技术研究（STS）——研究科学知识的社会成果的跨学科领域——有助于促进公众对科学的不满。"这话听起来似乎十分离经叛道，但是再想想也不是完全没有道理。

刘兵：你这里提到的最后一点，其实，在我们平常的工作中，特别是在对国际上公众理解科学等方面的关注中，似乎已经有所感觉了。随着公众对科学规范中怀疑精神的掌握，以及随着STS的某些观念通过其他形式而普及传播到公众时，很自然会有这样的结果。这也正是现在国内（乃至于国际上）一些科学主义者要把STS中的许多学说批判为反科学的理由。以一个国内（也与国际有关）的例子，即话剧《哥本哈根》的上演，就可以很清楚地看出这种效果。

你提到的倒数第二个观点，也是很有意思的事。不过，对这个问题，似乎还可以再进一步分析一下。如果我们是抱着通过提高公众的科学素养来提升公众对科学的支持的目的，那么，如前所述，这恐怕不一定会有预期的效果。如果是抱着要让公众参与科学活动（如果这种活动是指科学研究的话)的目的,当然,这也是很难实现的目标。但如果是通过提高公众的科学素养而增加对科学决策的参与,这虽然依然困难,但还是有可能而且有意义的。国际上的"公识会议"即有此意味。

当然,还可以提到的是,如果像国内某些科学文化传播的研究和实践者所倡导的那样,是在一种不同的"科学"概念下,例如对主流科学现在已经相当排斥的博物学传播下,或在一些地方性知识的科学语境中,我觉得,公众还是有可能参与一些科学活动的。当然,这与那本书的作者所说的仍然不矛盾,因为他所指的,还是对于那种主流的、非常专业化的科学研究的参与。

江晓原:《哥本哈根》的上演并不是一个大众事件,所以我想你应该稍微说说,为什么它可以作为你的例子呢?

> **我们以前因为长期习惯于对科学一味崇拜赞美,大家从未想到从另外的角度去看待科学,自然就会将"科学素养"等同于科学知识或结论,或至多再加上对科学方法的应用。现在看来,我们确实应该将对科学的负面价值、对滥用科学技术可能导致的危害的认识和警惕等作为"科学素养"的组成部分才对。**

我自己也是前不久才有了这一认识。在这一认识的基础上，再来看此书所说的"科学技术研究（STS）有助于促进公众对科学的不满"之类的说法，就不会感到匪夷所思了。

另外，关于此书"科学家是有组织的，这种方式使他们在整体上远远超过部分之和"的说法，也是大有深意的——如果和《再造"病人"——中西医冲突下的政治空间》一书联系起来看，就会很明白了。有趣的是，这两本书都将科学与政治联系起来，这也绝非偶然。

刘兵：先说《哥本哈根》。此剧在国外据说相当轰动，还获得了大奖。在国内，自然，作为话剧，当然不会像电视剧那样大众。我曾不止一次看过此剧，我在清华为本科生讲授的"戏剧中的科学"的研讨课上，也每次都专门讲此剧，还曾请在剧中饰海森堡的著名演员梁国庆来我的课上讲过课。在所有这些事件中，从我对观众、听众反应的观察来看，应该说都是很强烈的，表明这种以出色的艺术手段来展现有STS意味的内容，是很有效果的。

至于说到"科学与政治"，如果就学术界来说，而且是放眼国际的话，那现在应该不算是什么新鲜事儿了。

好在这样的趋势在国内（我是说像《再造"病人"——中西医冲突下的政治空间》那种真正有意味的而不是许多仅仅以这样的名义出现而实质上很老套的东西）也开始渐渐出现。问题在于向公众的传播。人们不是看到了吗？当有STS意味的内容在向公众传播时，那些科学主义的卫道士们不是异常敏感地马上就跳出来批判吗？其实，这样的情形，恰恰说明，我们这里许多从事科学传播或在名义上进行科学传播的人，自己也还需要好好地被传播一下呢！

文化正在向技术投降

江晓原：曾经我们很热烈地讨论过这样一个主题——我们能不能找到一个有效的判据，来判断今天的科学是否已经发展得太快了？或者说，科学发展从什么时候开始由"适度"变成了"太快"？当时我们未能找到这样的判据，但是无论如何，这确实是一个值得思考的问题。后来，在这本《技术垄断——文化向技术投降》中，我发现了一个可以说是和上述问题平行的思路。

波斯曼将人类文化分成三种类型：一，"工具使用文化"，持续时间是从古代到中世纪，在他心目中，这种文化似乎最令人满意；二，"技术统治文化"，大致从16世纪开始，一直持续到如今，这种文化已经不合适了，但还勉强可以接受；三，"技术垄断文化"，则使他痛心疾首深恶痛绝了。在波斯曼写这本《技术垄断——文化向技术投降》的1992年，他认为世界上只有美国一个国家进入了"技术垄断文化"。但是经过了近30年，我想这样的判断肯定需要修正了，因为今天早已经有更多的国家进入了这种文化。

为什么说是"平行的思路"呢？因为我们大致上可以这样对应："工具使用文化"对应于科学发展的"缓慢"时期；"技术统治文化"对应于科学发展从"缓慢"经过"适度"然后开始走向"太快"；"技术垄断文化"自然就对应于科学发展"太快"的阶段了。

刘兵：你一上来就把波斯曼的这本书与我们科学文化领域中颇有争议的问题联系起来了。不过，我想，面对更多的读者，也许我们还是先简要地谈谈波斯曼其人其书为好。以前，我们曾谈过波斯曼的另一本书，即《娱乐至死》（那本书的中译本将作者译为波兹曼）。其实，《娱乐至死》加上我们现在谈的这本《技术垄断》，以及另外一本《童年的消逝》，是波斯曼著名的"三部曲"，其间的观点，也有着许多相似的地方，当然，在论及不同的主题时，观念也有发展。从专业角度来说，他本是著名的传播学学者，但他的"传播学研究"却在相当的程度上，把科学与技术的问题与传播问题联系了起来。他从传播学的特定视角，对科学和技术在社会中的作用和影响给出了很有见地的讨论，而且，这种讨论与我们科学文化领域中的有关讨论在有所区别的同时，又显然有着密切的相关性，也带来极大的启发。可以说，我们正是在这样一位有影响的传播学学者那里，看到其对于科学和技术问题的有益探讨。

在这本《技术垄断》中，依然如此，不过，与《娱乐至死》相比，这本书似乎要更接近于科学文化研究的主题——尽管其中许多事例还是与传播问题关系密切。

而恰恰就是这样一部书，让你想起了我们曾讨论和争论的问题。至少，从波斯曼的字里行间，我们确实能够感觉到，他是认为在今天科学和技术的发展有些过快了。那么，第一个问题就是，对于一个传播学者（而非科学文化、科学哲学、科学史等领域的专业学者)的观点，我们应该如何看待呢？

江晓原：说实话，在接触波斯曼的媒介批判思想之前，我虽然早已经不看电视，不看网上新闻，但并未深入思考过这方面的问题，更未曾将科学技术的发展与现代传播的意义联系起来考虑（至于现代传播使用科学技术手段这类表面上的联系，在这里并无意义）。

我觉得，正所谓"条条大路通罗马"，无论是传播学，还是科学文化、科学哲学、科学史，思考到深处，都会殊途同归，最终都会到达"科学技术是否发展得太快了"这个问题面前。因为这个问题是涉及某种终极的价值判断的。

所以，当我看到波斯曼在一条平行的道路上，并且也走向我们正在寻找的目标时，我立刻产生了兴奋、欣慰和亲切的感觉——我想这应该就是古人所说的"吾道不孤"之感吧。当然，波斯曼在平行道路上的探索，也给了我们非常重要的启发。

刘兵：是的，你说的问题，恰恰就是所谓的各种表面上有所不同的领域和主题的研究是可以殊途同归的，但恐怕只有像波斯曼这样的大家，才真正有可能做到这点。相反,更多的学者们,仍囿于自己狭窄的专业领域而无法突破自身。

就仍以传播学研究为例吧。在波斯曼这本书所在的丛书的总序中,就提到了他属于继经验学派、批判学派之后的第三学派,即媒介环境学派。尽管对于第三学派我们现在还接触不多,了解不够,也许有些分类上的问题还可以争论,但在我平常直接或间接的接触中却感觉到,国内一些研究传播学的人,还只停留在经验学派的阶段,只关心那种传播形式、效果和机制的东西,而对传播的内容则少有关心。像波斯曼这样,在更大程度上跳出原有的问题,能够独辟蹊径地思考技术手段对于传播内容的实质性影响,进而对于科学和技术问题本身又有独立的认识,这就充分显示出他的与众不同。但我们在意识到了他的独特性之后,是否真的能够接受他那些在我们这里确实显得有些惊世骇俗的观点呢?

江晓原: 我是完全能够接受的。事实上,我现在对波斯曼相当佩服,我认为他已经是我们这个时代最有力的批判者之一。他的这些观点表面看起来似乎惊世骇俗,其实稍加思考就会发现它们并不是难以接受的。我们之所以会感到惊世骇俗,主要是因为我们先前从来没有在他的思路方向上思考之。

例如，我们一直认为"信息"是一种好东西，我们能够获得的信息越多，我们的工作就会越有效，我们的生活就会越美好，所以我们热烈讴歌"信息社会"。可是波斯曼却从反面来看这件事：他认为信息泛滥是一种灾祸，人类文化的健康要求我们抵御信息的泛滥，"法庭、学校和家庭仅仅是信息控制制度的三个例子，它们构成文化的信息免疫系统"，可惜的是，如今面对信息的泛滥，至少后面两个已经开始崩溃了，而"抵御信息泛滥的防御机制崩溃之后，社会遭遇的后果就是技术垄断"。在《娱乐至死》一书中，他对此有相当详细的分析，他表明，如今现代媒体向我们提供的所谓信息中，绝大部分都是对于我们当下生活毫无意义的垃圾。

其实对于绝大多数人来说，我们什么也不会去做，我们只是"知道"而已。而且，所有这些"信息"，其实都是媒体塞给我们的，它们对于我们当下的生活毫无意义。

刘兵：在这里，我倒是想对你最后一段论述稍加议论。许多受众也许不一定同意你的结论，甚至于，他们会说反而觉得这些信息正是他们想要的，是有意义的，甚至要主动去在网上搜寻。因而，也许更确切的说法是：其实当下许多充斥于各类媒体的信息，对于人们当下生活的意义，只是如今的技术社会所建构出来并加于受众的，只不过绝大多数受众并没有意识到这样一种"阴谋"而已。而这也恰恰说明了，真正有意义的学术研究，更多的是表现在那种与众不同的、具有批判性反思之中。波斯曼的学说就是这样一个典型的例子。

法律缺位状态下的人工智能狂飙突进

江晓原：这几年，人工智能看起来好像有点狂飙突进，尤其是最近，关于 ChatGPT 的讨论铺天盖地，至少从媒体上看起来是这样。与此同时，警告、担忧的声音此起彼伏，有些还是由盖茨、马斯克之类的人物发出的，但大部分公众受到科学主义盲目乐观的情绪影响，仍然在憧憬着人工智能快速发展将带给我们的"美好未来"。

面对这样极度危险的现实，仅仅发出警告当然是不够的，我们还需要冷静、务实、与现实生活能够直接衔接地思考。希望这样的思考，能够让狂热的盲目乐观情绪稍稍降一点温，让我们能够在人工智能带来不可收拾的灾难之前，尽最大可能多争取一些时间来做准备。

这一组"独角兽法学精品"丛书中的"人工智能"系列，已出三种，集中讨论和人工智能有关的法律问题，这非常有价值。因为面对人工智能的狂飙突进，目前人类社会现有的法律严重缺位，很多人工智能的应用，都是在法律没有任何准备的情况下，盲目地"先用起来再说"。

在许多人心目中，科学技术无限美好，人工智能是科学技术，所以人工智能也无限美好；无限美好的东西，当然是发展得越快越好，应用得越多越好。法律缺位，在某些人看来也许反而是好事——在这种情况下应用人工智能就可以肆无忌惮了。等到出了事情，发生了灾难性后果，人们再来亡羊补牢进行法律方面的补救，反正通常也无法溯及以往，在此之前不顾法律或伦理约束已经靠人工智能挣了钱的人得以逍遥法外，估计是大概率事件。

刘兵：人工智能确实现在成了一个科学技术的热点，无论是研究者、开发者、投资者、传播普及者，乃至各级官员们，都极为热衷于谈论人工智能，大有不关心人工智能便意味着落伍的感觉。

另一方面，我也注意到，你近来对人工智能也颇为关注，当然，是持反对立场的关注。其实以往你在讨论各种科幻电影时，也常常会谈到人工智能，不知在这之间是否也有某种联系。其实人工智能只是众多引起争议的科学技术研究与开发应用中的一个话题，它与核能、转基因等话题有着诸多相似之处，只不过是因为近来它变得更加热闹和为人关注而已。当然，这种热门化，背后恐怕不仅仅只是研究的发展与驱动，其中资本力量的驱动应该是更为主要的因素。

至于这套丛书，是以关注人工智能带来的相关法律问题作为切入点的。法律的问题固然重要，但也只是关于人工智能争议的一个子分支而已。我并不否认，在这套书中，作者们在从法律的角度讨论人工智能时提出了许许多多重要的以及一些平常在讨论人工智能时被关注不多的问题，而且也经常会超出法律的范围进入哲学的范畴，但在这些法律问题背后，我想，关于人工智能还是应该有一些作为法律问题根源的、更为根本性的哲学问题吧？你是否这样认为呢？

江晓原：虽然就比较广泛的意义来说，人工智能和核电或转基因确有相同之处，比如都会引发社会争议等，但人工智能还是有特殊之处，比如，人们至少目前并不担心核电或转基因技术会引发大规模失业，也没有人担心核电或转基因技术会在常规的意义上征服人类，所以人工智能的风险在当下快速发展的技术中，确实有资格位居第一名。

我近年关注人工智能问题，确实与前些年对科幻作品的科学史研究有关。我一直认为，大量科幻作品中对于人工智能应用前景的种种思考和警示，理应成为当下思考人工智能问题时的重要思想资源，特别不应该仅仅因为它们是"科幻文学作品"而置之不理，继续盲目推进和歌颂人工智能。

如你所说，资本的作用无疑是巨大的，更是可怕的，因为资本的增值冲动是盲目而且无法抑制的。现在越来越多的技术研发都是资本推动的，这个现象的极度危险性在于，在"科学的纯真年代"曾经存在过的那些推动科学技术发展的动因，比如造福人类的善良愿望，比如探索自然的好奇心等，如今都已经让位于资本增值的原始冲动，或是沦为掩盖资本增值原始冲动的虚饰之辞。

关于这套书在当下的价值，我提供一个比较特殊的看法。我感觉，当许多应该提出的警告都已经被提出，许多可能的危险都已经被分析，而比尔·盖茨、马斯克这样的名人要求警惕人工智能的呼吁也已经问世之后，在近期要将关于人工智能的争议引向深入，似乎已经出现了困难。而不知死活的"业界"则继续在人工智能的研发方面狂飙突进，以实际行动展示着对哲学和伦理思考的极度蔑视。在这种情况下，从法律角度提出对人工智能的思考，无疑具有非常积极的意义。

刘兵：你的这些想法，原则上我也都是同意的。但我的确怀疑，在资本的可怕力量的驱动之下，这些法律是否真的能制定出来？即使能制定出来，是否真的能理想地实施？

就前者来说，我们仍以转基因为例。虽然你说人工智能更加危险，美国是转基因生产的大国，但在法律制定方面，对这项技术和产业，又有多少应该制定而没有制定的法律？而在中国，我不知道这方面是否有人在思考和行动。关于后者，即使有了相关的法律，在转基因领域违法的现象不是依然大量存在吗？

我觉得，之所以有这样的局面，不是因为人们对于像人工智能这类东西的风险谈论不多,而是因为另一些更为根本性的对于"新科技"的发展观念上的误区。不从根本上解决这些问题,对于避免风险,即使法律之类的东西也是无能为力的。

同时,我还是特别关注另外一些相关的概念问题。比如,人工智能中的"智能"是什么?许多人经常从人类智能的意义上来理解它。其实,这种只是由科学家们以计算模仿的方式搞出来的并不真的等同于人类智能的"智能",就有如此巨大的风险,正说明这类前沿"新科技"超越以往的力量与未知的风险。

咋越学越对科学不放心呢

江晓原:标题上的这句话是《十字》中的一个重要角色,孤儿美女梅小雪说的,这句话似乎也揭示了此书的主旨。这部科幻小说借助奇情异想的故事情节,对人性、道德、科学的善恶、要不要敬畏自然等问题,作了深刻的思考。

一个优秀的病毒学家，花费数十年时间，纠合一小批顶级的国际同行，成立了一个秘密组织。而这个组织的目的，竟是在地球上复活"天花"病毒！

天花曾经是人类"消灭"的第一个致命传染病，1979年10月26日，联合国世界卫生组织在肯尼亚首都内罗毕宣布，全世界已经消灭了天花病，并为此举行了庆祝仪式。这个胜利经常被用来证明"人定胜天"，也是科学主义最心爱的凯旋曲之一。科学主义的宣传还曾许诺：人类将来可以消灭所有有害病毒，从而生活在一个生物学乌托邦之中。

但目前世界上仍有两个戒备森严的实验室里保存着天花病毒，一个在俄罗斯的莫斯科，另一个在美国的亚特兰大。世界卫生组织曾于1993年制定了销毁全球天花病毒样品的具体时间表，后来因病毒学家和公共卫生专家们在这个问题上发生了争论，这项计划被推迟了。一些科学家认为，天花病毒不应该从地球上完全清除，因为在未来研究中可能还要用到它。美国政府已向全世界表示，反对销毁现存的天花病毒样品，理由是美国必须作好对付生物恐怖威胁的准备，为继续研究对付天花的手段，必须保留这一病毒样品。《十字》的幻想故事就是从俄罗斯的实验室开始的。

《十字》的故事中表达了一种更为激进的观点：消灭天花造成的"真空"，很可能引发更为离奇的病毒（比如艾滋病毒）前来填补。这种"消灭"是对大自然生态平衡的粗暴破坏，只会带来大自然更可怕的报复，所以要人为散布一些弱化了的天花病毒，以恢复大自然的生态平衡，而人类整体也能够通过激发产生对天花的免疫功能而从中获益——尽管在此过程中某些个体有可能被牺牲。

刘兵： 正如你刚说到的，这部科幻小说的重要背景，以及其中虚构的情节，都与天花这一人类历史上令人恐怖的传染病相关。而"消灭"天花，也可以看作是当代医学史中的重要事件，但当我们把视野扩展到更大的范围，包括生命伦理学，包括更深层次的人与自然的关系，以及科学与科学之能力的限度等，也依然是可以对此有些不同的思考的。

也算是偶然，但按前面所说的，也有某种必然。在名为《生态伦理十日谈》的书中，正好也提到了天花的例子，并有这样一段话："比如，我们现在完全有能力灭绝天花，而且我们已经消灭了天花，但理智告诉我们，不能灭绝天花。因为在我们不了解天花病毒这个物种实际的生态功能的时候，不了解它与各个物种究竟是何种关系的时候，我们不能贸然地处理掉它们。任何一个物种的灭绝对我们来说都是一件非常糟糕的事情。我们之所以跟其他动物不一样，就是我们有这样一种理智，来很好地思考这个问题，预见比较远的未来。"

当然，《十字》这部小说仅仅是利用天花病毒作为其叙事的背景与情节的基础，作者所要谈论的，我想，还是对于人与自然以及科学之限度的思考。有意思的是，从《十字》中我们甚至能看到当时国内有关科学文化争论的某些事件乃至代表性人物的影子。

江晓原：你说的那个影子，想必就是小说中的赵与舟了。作者让赵扮演极端科学主义的代言人，而其人的冬烘之气，又有点像伽利略《关于托勒密与哥白尼两大世界体系的对话》中僵化的亚里士多德主义代言人辛普利邱。作者对赵基本上是揶揄和怜悯，但有时仍然掩饰不住对这个角色的厌恶，比如说他"倒更恰如一个散发着灾难气息的男巫"。

从赵与舟的立场上看来，天花的消灭当然是科学的伟大胜利，而且科学还将乘胜前进消灭更多的病毒。因此"十字"秘密组织的所作所为，在赵与舟看来是十恶不赦的罪行，所以他只盼着见到梅茵"被烧死在正义的火刑柱上"。

不过这部小说的微妙之处在于，对于其中梅茵等"十字"秘密组织的成员来说，要想简单地给他们贴上"科学主义"或"反科学主义"的标签，是相当困难的。我的感觉，梅茵、她的义父、她的情人和丈夫等，其实应该算是"仁慈的科学主义者"或"开放的科学主义者"。他们可以接受"广义人权"之类的动物保护主义乃至"病毒保护主义"观念，但他们在天花问题上的立场，也未尝不可以被科学主义引为同盟军。

在小说的情节副线中，那个叫齐亚·巴兹的恐怖主义者，则是"利用科学做坏事"的典型，他不顾一切地策划和实施生物恐怖袭击，成为人类公敌。

刘兵：像赵与舟，作为极端科学主义的代言人，小说作者显然是将其作为反面形象来处理的（只不过似乎夸张处理得略有点儿生硬），其基于极端科学主义立场的所作所为，我相信绝大多数读者也应该是不会喜欢的。而你将梅茵等"十字"秘密组织的成员归于"仁慈的科学主义者"或"开放的科学主义者"，是有一定道理的，他们确实不属于典型的反科学主义者。他们得出天花病毒不应该被彻底销毁并要继续保存和利用的结论，也是基于科学研究的，而非人文伦理的出发点。这与像生态学这样的科学对于人与自然、对于自然生态系统的一些观点也是相近的。

我们虽然可以说，在一定程度上，某些与人文伦理立场得出的类似的结论也可以从科学研究中得出，但我们依然要意识到仅有科学的局限，即使是持"开放"的科学或科学主义的立场的局限。

十多年前，在北京上演了迪伦马特的名剧《物理学家》，那是一部写于半个世纪以前，基于物理学研究而制成原子弹为背景，讲物理学家社会责任感的经典戏剧。当时在接受记者采访时，我曾表示：与几十年前不同的是，在过去的几个世纪中，物理学最先对人类的思想方式和社会生活产生了巨大的影响，物理学家更多地处在与哲学、道德、政治的矛盾与交锋之中。然而，几十年来，生命科学家逐渐取代了物理学家，处在这种矛盾与交锋的激点上，如果将来再有人写作、排演关于科学家良知的戏剧，生命科学家很有可能成为主角。而科幻小说《十字》，不恰恰是以生命科学家为主角来讲述这类问题的最新作品吗？

第十日
决定未来的,是科学还是人文

决定未来的,是科学还是人文

江晓原:40多年前,我从南京大学天文系毕业时,天体物理专业"塑造"了我的思想,让我成为一个"缺省配置"的科学主义者。那时我相信科学是人世间至高无上的知识体系,也相信科学可以或终将解决一切问题。在这样的"缺省配置"下,如果展望人类的未来,那就几乎等于展望科学发展的未来——因为我们会想当然地认为,只有科学技术的发展才会推动和决定人类的未来。而和科学技术相比,任何其他知识对于人类未来的影响都是不值一提的。

这本《人类未来》就是一个英国天文学家写的。在这本展望人类未来的著作中,作者始终只在谈论科学技术。他讨论了当代科学技术几乎所有的重要方面,由此出发来展望地球人类的未来前景。可以断定的是,作者仍然处在"缺省配置"之下,在他的心目中,科学技术

第十日
决定未来的，是科学还是人文

仍然是决定人类未来的唯一值得考虑的因素。我做出上述断定的理由是：如果作者心目中还有别的可以影响人类未来的因素，而且这些因素可以和科学技术相提并论的话，他显然必须在这样一本书中对这些因素有所讨论。既然他没有讨论科学技术之外的任何因素，那我们只能认为，在他的心目中，除了科学技术之外，没有别的因素可以影响或决定人类的未来。

我相信，一个纯正的科学主义者，对于我上面的议论一定会非常讨厌，因为在他们的心目中，"除了科学技术还会有什么因素影响人类未来"这样的问题是根本不存在的，影响或决定人类未来的因素，只有一个，那就是科学技术。

支持上述想法的一个常见的论证是这样的：请问没有科学技术，人类社会能发展到今天这样吗？如果答案是"不能"，那么好了，立刻就可以得出"没有科学技术人类就没有未来"这样的结论，于是证毕。但问题首先是，没有科学技术之外的某些因素，人类社会也不会发展成今天的样子；而缺少了某些因素，人类社会同样可能没有未来。

刘兵：与你的经历类似，40多年前当我从北京大学物理系毕业时，自然也是一个典型的科学主义者。这也正是刘华杰提出"缺省配置"时所隐含的意味，即我们的教育正是以这样的方式来培养学生的。至于此书作者，你的判断我基本上是同意的。但我之所以会建议我们谈论这本书，是考虑到，即使作者作为一个科学主义者只考虑到科学技术的因素来展望人类的未来，也还是发现有着众多的"风险"存在。这至少与那些更强的科学主义者坚信科学技术的发展及后果，无须杞人忧天，或是根本连考虑可能的风险意识都没有的情形相比，还是有一定积极意义的。

不过，我想到的是，即使作者只以科学技术因素来考虑人类未来，却仍然得出了一些对可能风险的认知，再加上作者的另一身份——英国皇家学会前会长，其观点还是有相当大的影响力的。这样，在有约束、有保留的情况下，看看这本书中的说法，也还算是有意义的事情吧。

江晓原：确实如此。即使是从一个科学主义者的立场出发，也仍然能够看到科学技术发展前景中的一些令人忧虑的迹象。此书总体来看是平淡稳健的。在许多问题上，作者的见解也无特异之处，基本不出我们大家都熟悉的范围。尽管如此，也还是有亮点的，这里我先举出一些我注意到的。

比如在讨论核武器时，谈到核大战可能带来的毁灭性后果，作者表示："我不会选择 1/3 或 1/6 的风险来赌一场灾难的可能性，那场灾难将导致数亿人丧生……即使另一个选择是接受苏联在西欧的统治地位。"也就是说，宁可接受苏联统治，他也不要核大战。尽管常识告诉我们，如果选项只有"核大战"和"苏联统治"两个，又必须二选一，大部分西欧人也会选择"苏联统治"，但看到一位前皇家学会会长这么说出来，还是让人印象非常深刻的。其实在做这道选择题时，作者依据的恰恰主要是人文，而不是科学技术。

又如在谈论核电能源时，谈到一些研究聚变核能的机构，对于其中的美国"劳伦斯利弗莫尔国家实验室"（Lawrence Livermore National Lab），作者揭露说："这个国家项目主要是一个国防项目，它为氢弹试验提供能在实验室进行的替代品，所谓控制核能的承诺只是一块政治遮羞布。"这样大胆的揭露，还真是一针见血。

另一个有趣的例子是关于"冷冻延寿"，就是将自己交给某公司，让公司将自己冷冻起来，到未来的某个年代再"化冻"复活。此书作者表示，他不愿意参加这种冒险,除公司能不能顺利运营到那个未来的年代、"化冻"后能不能顺利复活之类的正常疑虑外,作者还有一条理由比较新颖:他不愿意"加重后代的选择负担"——他不清楚后代人能不能接受这样的复活者,毕竟这是未经后代人同意而做出的安排,是我们强加给后代人的。

刘兵:甚至我们也可以说,即使当作者的思考背景中只有科学技术因素时,连带部分人文因素也无可逃避地要强行进入其中。当我们认真地考虑前沿科学技术的后果时,仅仅只考虑科学技术的因素是根本不可能的。

一个解释是:当科学技术被诉诸实际应用时,就已经突破了本来只限于实验室的那种理想环境(当然对于实验室环境的非理想性、外部因素的介入、科学技术知识的社会建构,也早就有人进行了相当深入的研究),而进入到无法忽略其他非科学技术因素的现实状态。至于在这种情况下能考虑到多少非科学技术的因素,就只能取决于思考者自身的背景、知识储备和眼界了。

以核能为例,从原则上讲,如果只是限于最初发展科学的目的,为了增进人类对自然的了解,当然没有必要造出原子弹这种毁灭性的大规模杀伤性武器,但也正因为在现实世界的格局和"需要"之下,科学的知识就不可避免地要被用来制造这样的武器。同样，由于现实世界上不同国家和民族在意识形态、利益等方面存在争端，在一国先有了核武器之后，别的国家也几乎是无可选择地为了自身的利益而参与到这样的竞争之中。在所谓"和平应用"如核电站、人体冷冻或现在越来越热门的人工智能等方面，虽然有差别（例如加入了发展、资本等方面的因素），但类似之处也还是相当多的。

如何"在下一个百年里避免自毁行为"

江晓原：说到人工智能，作者的想法也有点与众不同。他似乎不仅确信人工智能终将征服人类，而且认为在一切文明中都会如此。

> 通常来说"有机的"人类水平的智慧只是被机器取代之前的小插曲，那么我们也不大可能在外星智慧生命还保持有机形态的短暂时间里"捕获"它们。如果我们探测到外星智慧，它更可能是电子的。

让我稍感奇怪的是，对于人类终将被人工智能取代这一前景，此书作者似乎非常坦然地接受着，居然一点也不"以人为本"。

这样的观念，当然会让此书作者对于搜寻外星文明的行动持完全赞成的态度——哪怕因此而引鬼上门，人类文明被外星文明征服或灭掉，也是没什么可惜的，反正早晚都要被"无机"文明灭掉的，灭在哪个手里不是灭呢？

当然，作者也展望了一个让人类有所安慰的前景：假如到目前为止，我们地球人类的文明在宇宙中还是独一无二的，"而人类如果在下一个百年里避免自毁行为，那么新人类纪元就来到了。源自地球的智慧将散布整个银河系，变得丰富和复杂，远超我们的想象"。不过对于这个前景，我又感觉作者恐怕过于乐观了。

刘兵：其实，作者这样对待人工智能的态度，尤其是对那种人类有可能被人工智能取代的前景的"豁达"，那种不在乎，我们也经常可以在一些人的言论中看到。只是，由作者这种身份背景的人讲出来，应该是别具意味的，至少表明这种观点还有一定的普遍性，表明一些高级别的科学家也根本不在意什么"以人为本"，而只是在意科技是否能够继续"创新",哪怕这样的创新有毁灭人类的风险。

这让我联想起半个多世纪前萨顿在分析那些为德国纳粹研制屠杀犹太人的毒气室和焚尸炉的工程师时所讲的看法:这些德国科学家和工程师在一定程度上是"技术"迷恋症受害者。"他们对技术的专注以及由此而来的麻木不仁和无知无觉达到那样一种程度,致使他们的精神对人性已完全排斥,他们的心灵对仁慈已毫无感觉。"

另一方面,我们也还是能感觉到体现在此书作者身上的一些矛盾,比如仅仅考虑科学技术因素,就可以推论出那么多未来风险的存在,如果再考虑到科学技术之外更多、更重要的因素,那未来的风险更会成倍增加。在这样的情况下,人类又如何能够确保"在下一个百年里避免自毁行为"呢?

也许,这样的矛盾,在真正诚实的科学主义者身上,竟是不可避免的?

江晓原: 你看,说来说去,科学主义对人文的危害其实也就是对人类文明的危害,终究是无法避免的。类似此书作者这样地位相当高的科学家,面对人类前景这样的终极问题,居然表现得如此漫不经心,这确实让人非常担心。

我们确实有机会通过此书而加深对科学主义问题的认识。以前我们习惯于认为,科学主义者通常都会对人类前景盲目乐观,因为他们通常相信科学可以解决一切问题,人类前景自然光明;而反科学主义者则通常对人类前景感到悲观,因而忧心忡忡。但在这种情况下,无论是科学主义者的乐观,还是反科学主义者的悲观,都还是(或者至少可以是)"以人为本"的。

然而,像此书作者这样的科学家,对人类前景也不乐观(在他心目中,人类在下个世纪自毁的概率还是相当大的),可是他并不忧心忡忡,而且对于人类被征服、被取代或被消灭的前景,感觉无所谓。科学主义在这里表现为只要科学技术不断发展,哪怕整个地球人类成为发展祭坛上的贡品,仍然可以乐见其成。这就是说,科学主义者可以突破"以人为本"的伦理底线!这样的科学主义,在实践中将会造成多么可怕的后果!

刘兵:这个结论令人触目惊心!从这样一本书中,可以看出这样的结论,倒确实是一个意外的结局。我们日常看到的大多数科学主义者,应该还不至于如此将人类置于不顾吧？此书提供的案例，让我们看到了在科学主义的阵营中，确实存在着某种极端的、需要我们更加警惕的类型。如果这种类型的科学主义者掌握了话语权和决策权，那后果确实是令人恐惧的。

最后还可以想到一个问题：为什么会有这样的科学主义者产生呢？是什么样的动机和动力使之变得如此？这真是值得关心人类未来的人们去认真思考，值得对科学进行人文研究的学者们去深究。

人性来自基因还是来自文化

江晓原：当年这本《社会生物学：新的综合》中文全译本问世，实在是功德无量。

《社会生物学：新的综合》皇皇巨著，全书27章，英文版共575页，其实真正引发争议的就是全书最后一章——《人类：从社会生物学到社会学》。这一章占据了英文版中的30页，在中译本中则仅占全书717页中的29页。威尔逊后来说，许多批评他的人认为，如果他不写第 27 章，《社会生物学：新的综合》就将是一部"伟大的著作"。

至于争议，主要来自两位被威尔逊称为"最后的马克思主义者"的人，他们指责威尔逊的社会生物学有两大"严重缺陷"：一是"还原论"，即认为最终可以将人类的行为还原到生物学中去理解；二是"遗传决定论"，即相信人类的基因决定了人类的本性。

刘兵：你说的是很重要的一个问题。其实，我觉得，威尔逊虽然因为这一章而引起争议，但也恰恰正是因为这一章中的观点，才使得威尔逊在我们这里备受关注。否则，人们对他的理解，恐怕就只是一名重要的生物学家而已了。

除其观点是否引人关注、引人思考外，作者本人能够把其基础性的想法确切地表达出来，其实是一件好事。威尔逊做了那么多细致、具体的生物学研究，但他做这些研究，不可能与他更为根本性的哲学观念无关，那些观念，也许正是驱动他进行相关研究的深层动力。只是，当人们把背后的观念明确地讲出来，而且当观念又有新意且立场鲜明时，就容易有争议了。

你总结的两大争议，"还原论"和"遗传决定论"，与我们这次对谈的主题密切相关，也是对其不同回答背后的一种（实际上是哲学的）立场。这样的看法，有着近代科学的强大背景，也是现在许多科学家的潜在信念。当然，如果从更人文的立场看，这样的哲学立场显然是大有争议的。但从威尔逊为此书新版在1999年写的《世纪之交的社会生物学》这篇大约可以算是新版序的文字中，我们看到威尔逊本人似乎并不是那么极端地坚持那两种观念。那么，到底是威尔逊的观点后来有所弱化了，还是从一开始他的某些看法就被某些争议者极端化了？

江晓原：对于"还原论"的指责，威尔逊自己还委屈着呢。威尔逊认为这一指控是歪曲他原意的，因为他从来没有主张过这样的"还原论"，他主张的是"相互作用论"——基因组决定了人类心理发育的方向，但无法消除文化的影响。

威尔逊认为，他的论敌采用了先歪曲他的原意，树立起一个虚假的靶标，然后对着这个靶标——宣称这就是威尔逊的学说——进行攻击的手法。他将这种手法斥之为"勾当"。这种手法在我们日常的不健康争论中也时常可见。

对于第二项指控,威尔逊没有指责对手歪曲他的原意。他当然坚信他的观点是正确的,他认为,古尔德等人之所以指责他,是因为他们相信"只有心如白板的人才能适应社会主义。如果心灵来源于可遗传的人性,那太令人不快了"。

但是威尔逊在被你称之为新版序的文章中,已经大声宣告了他的胜利:古尔德等人发起的那场对他的批判,已成了被大部分学者和公众遗忘的"一场喧哗",1984年之后,"我没再听到过这类观点……在20世纪结束的时候,这场争论已经平息"。由于有了确凿的证据,"人性的遗传框架似乎再也无法被驳倒"。

刘兵: 这是两个比较复杂的问题。对于第一项指控,我们姑且承认威尔逊的辩解,而对于第二项指控及相关的争论,可能就需要再做些分析,因为威尔逊原来提出的观点是,"人类的基因决定了人类的本性"。那么,究竟何为人的本性呢?威尔逊并没有讲得十分明白,而且,就此仍是可以有诸多争议的。我们也许可以这样说,基因决定了人的某些东西,但显然不是全部。如果我们仅把基因决定的那些东西定义为人性,威尔逊的说法当然是可以接受的。不过,显然在许多人的理解中,人性并不一定只是基因所决定的那些东西,而且,即使是基因决定的那些东西,当以确切的方式显示出来时,恐怕也要渗入许多非基因决定的因素。否则,如果人性只是基因决定的东西,那人岂不是与动物无异了?我们相信人之所以为人,就应该是人有其特有的本性(当然这个词本身也有争议,不妨替换为其在争论中更可接受的概念)。一般来说,文化,被认为是人所特有的某种东西吧,那么文化是否为动物所具有呢?在社会生物学的范围里,对此,是否也留下了某种让人并不放心的悬念呢?这恐怕就得由对此感兴趣的人再进一步去争论了。而威尔逊在哲学上的意义,也许只是为人们由此展开的争论和思考开辟了一个出发点。

必须重新思考技术和技术史

江晓原: 鸿篇巨制的《技术史》(*A History of Technology*,1954—1983),19年前出版过中译本(七卷本,上海科技教育出版社,2004),2021年由中国工人出版社出了新版（八卷本，增加了索引卷）。对我最近的研究而言，这个新版的到来简直是太及时、太合适了！

最近两年，我对科学和技术的关系有了全新的认识。从发表"科学画图景，技术见真章"的公开谈话开始，我的想法迅速发展。我认为，我们有足够的理由，将技术和科学看成两个独立的平行系统，而不是将技术看成科学的附庸。以前我们谈到过技术的历史比科学更长，就是这样的理由之一。另一个重要理由是，许多科学理论，恰恰是靠了技术的力量才得以证实、光大乃至封神的。比如，如果没有原子弹和核电站，关于核物理的理论，就会和千千万万曾经出现过的科学理论一样，尘封在故纸堆中。所以，将技术和科学看成两个独立的平行系统，具有很强的解释能力。

归根结底，改变世界的是技术。那些真正改变我们生活的其实都是技术，仔细想想，高铁、5G、北斗、手机、两弹一星……哪一样不是技术？和许多科学理论不同，技术成就不会无法验证，技术成就是看得见、摸得着的。解决一个问题，管用就是管用，不管用就是不管用。技术成就也不可能变成像"宇宙的最初三分钟"那样无法验证的东西，技术一定是可验证的，成就是成，不成就不成,所以我说"技术见真章"。在这样的思想背景下,重新来回顾技术的历史,就会感觉眼前一亮,所以《技术史》新中译本的出现,就像一片明亮的阳光,将照亮我们理论思考和发展的新征程。

刘兵:确实,在以往传播中常规的说法是,科学是基础,技术在科学理论的基础之上发展起来。当然也不排除有这样的例子,但在技术史上,更常见的,还是技术以相对独立的方式,自己发展起来。那种从科学到技术的单向的发展,应该更主要是以一种理想化的哲学理论的方式来看科学发展和技术发展的关系。而历史维度的探索,则会以相对更符合实际的方式揭示科学和技术发展的历程。尽管在这种发展中,两者也有各种彼此相互影响、相互作用的情形。

> 就对人类社会生活的影响而言,显然技术的作用要远大于科学。但长期以来,在对技术的关注方面,无论是技术史还是技术哲学,其被注重的程度,似乎都远不如以科学为研究对象的科学史和科学哲学。这背后的道理,也是值得人们反思的。

人们的哲学观念会在一定程度上影响人们看待历史、撰写历史和理解历史。这套《技术史》初版是在20世纪50年代，自然其撰写也会与当时人们看待技术的眼光有关。但历史的好处在于，至少从其中讲述的史料和史实中，持新立场的人们也可以看出新东西。也许，你前面的想法，也有这方面的因素吧。

江晓原：确实如此。在将技术视为科学附庸的那种图景里，不仅容易忽视技术本身取得的成就，更严重的问题是，经常将技术的成就算在科学的账上。技术和科学，谁的成就就应该记在谁的账上，为什么要强调这一点？因为这关乎我们对资源的投入。

如果技术的成就总是被记在科学的账上，科学当然就有理由要求社会做更大的投入。如果我们把账算清楚了，发现科学那个账上其实成绩只有一点点，而技术的功劳簿很厚很厚，我们当然就会在技术上投入更多资源。而这部《技术史》，恰恰就是一本很厚很厚的技术功劳簿，它非常适合帮助我们将以前那些糊涂账算清楚。

举例来说，《技术史》第3卷第21章讨论了世界各大文明的七种历法，以及有关的周期问题；第22章讨论了各种类型的天文仪器。历法和仪器，当然都是技术，但是在以往的科学史著作中,这两个内容几乎毫无例外总是被放在"天文学"的章节中,而天文学长期以来一直被视为科学的冠冕,人们也一直在观念中习惯于将历法和天文仪器视为理所当然的"科学成就"。

严格地说,第3卷这两章中的"技术功劳簿"还很不完备——因为其中完全没有讨论中国特有的阴阳合历,也没有论及中国古代的赤道式天文仪器系统。但这点可以理解的瑕疵并不会摧毁这两章的价值,因为重要的是,作者将以前向来记在科学账上的成就,正确地记在了技术的账上。类似这样的例子,在这部《技术史》中还可以找到不少。

刘兵:将科学与技术的功劳簿分开,这确实是一个挺好的想法,阅读这不技术史,也确实能够达到这一目的。不过,摆功只是技术史功能的一部分,与之相对的,自然也可以有过,反过来说,有时技术会更为直接地对人类社会带来负面影响。对此,虽然也有人强调技术本身是中性的,问题出在使用技术的人,但这并不能算是让人完全满意的回应。因为有些技术确实从一开始就不是以向善的目的被研究出来的,因而现在国际上才会强调科学技术工作者要进行"负责任的创新"。

我们应该意识到，毕竟此套书成书的年代较早，那时，对于中国古代技术这类非西方传统的技术还没有像今天这样被关注，所以才会出现你所说的"技术功劳簿"还很不完备的情形。另外，这套书在写法上也主要是内史的倾向。随后的学术发展中，虽然技术史仍不像科学史那样被更多的人谈论和重视，但在对技术的历史、哲学和社会的研究中，还是有着大量的新成果、新观点的。

然而，毕竟到现在为止，还没有一套同类书在规模上可与此书相媲美，如果能够借鉴后来对技术的人文研究中的新观念来阅读，此书丰富的史料与史实还是非常有意义，可以读出新感悟的。

江晓原：此书原版第1卷出版于1954年，最后的索引卷（第8卷）出版于1983年，前后持续了30年，也真是浩大的文化工程了。虽然正文第7卷出版于1978年，考虑到这种著作写作时间往往很长，收集资料的截止年份，多半在出版年份的数年之前，所以我们大致可以认为，这部《技术史》反映的是人类历史上截止于半个多世纪之前的技术成就。

不过，考虑到此书涉及历史长达数千年，少了最后半个多世纪的内容，倒也不至于构成太大的缺陷。因为许多技术进步的实际价值,以及它们的历史地位,都需要经过足够长的时间才能够真正反映出来。

但是在这最后的半个多世纪中,最大的、最应该纳入视野的变化,无疑就是中国作为世界工厂的崛起。这种崛起不仅改写了全球产业版图,也为技术进步提供了崭新的篇章,比如中国今天的高铁、通信、桥隧等。可惜的是,现代中国恰恰是此书论述中的盲区。这倒也不能深责此书主编和各卷作者,一是他们撰写此书时,中国还是一穷二白的国家,在技术成就上乏善可陈;二是在西方中心的传统下,许多西方学者习惯以"中国特殊论"来为自己的中国盲区开脱,所以此书中的现象相当常见。

至于你提到技术的滥用,以及历史上某些"从一开始就不是以向善的目的被研究出来的"技术,此书恐怕无暇论述,你说此书的写法是"内史倾向",也有助于理解这一点。我感觉建立一本厚厚的技术功劳簿,本身就是一大功劳,我们就不必苛求这部鸿篇巨制承担过多的功能了。

刘兵:你讲到时间的问题,那么这半个世纪以来的技术发展,当然无法被写入到书中。不过,相比于此前数千年技术的发展，再考虑到历史需要时间的沉淀，所以这半个多世纪的技术发展没有写入也算是合理的，尽管这半个世纪以来技术的发展极为迅猛而且影响巨大。

但历史的撰写还受另外一些因素的显著影响，也即人们的历史观，因而才会有"一切历史都是当代史"之说。半个世纪以来，科学史家和技术史家们的历史观念也发生了巨大的变化，比如你提到的在西方中心论观念方面的转变，我提到的关于内史倾向的问题，也应该是属于这种历史观念及其对历史写作的影响。你一直在提功劳簿，其实，对于评价功劳，与历史观念相关的价值判断，也会影响到对功过的认可的。

也正是因为以上原因，我会更看重此书的史料价值，换一种历史观，又会对史料有不同的评价和解读。

江晓原：看来你下意识里对此书的评价恐怕要比我稍微低一点了。不过你认为评价功劳会因历史观念和价值判断而异，我非常赞同。

比如，在认为技术只是科学的附庸，习惯于将各种技术成就统统算到科学账上的人看来，一部技术的历史仍然不过是一曲科学的颂歌而已，而且这部《技术史》还很可能是一曲难以令他们满意的拙劣颂歌——因为书中没有将技术成就算到科学账上，没有将技术视为科学的附庸。恰恰相反，此书第1卷所考察的技术的早期历史，有力证明了技术并不需要以科学为基础——那时候世界上根本没有"科学"此物，但技术却已经在各个古老文明中诞生并发展了。

又如，到了此书第7卷，上接第6卷继续讨论20世纪的技术，其中第48章为"计算机"，这里作者当然将计算机当作技术来讨论。本来这完全正常，但我偏偏想起我们多年来流行的一个词"计算机科学"，顿时感慨万千。这个词我们都耳熟能详，还有不少类似的表达，例如"材料科学"之类，大家都见怪不怪了。这种将一门技术后面硬安上"科学"的表达方式，是特别典型的"将技术成就算到科学账上"的行径。在"计算机科学"这个表达之下，任何相关进展，无论是软件开发还是硬件改进，哪怕是存储、散热、接口……所有的一切都变成了"科学进展"，这简直可以说是强盗行径。

劫掠技术成就作为自己的功劳，是当下科学主义非常有害的表现之一。我之所以一再提到"功劳簿"，就是因为这部《技术史》在很大程度上可以作为科学主义的解毒剂。

刘兵：理解一部作品产生的时代和局限，并不就意味着评价的高低。许多经典作品也都是年代久远的，但仍被人们称为经典，给予了很高的评价。当然后世对经典作品新的解读和新的诠释，同样必不可少。

其实从你前面的诸多评论和联想来看，你已经是在不同于原作写作的观念中去阅读这套书和思考技术史问题了。我们也很难说你讲的那些，就是原作作者有意想要传达的意思。但基于此书，你、我，相信还会有许多其他人，仍然会读出理解上的诸多新意。在原作这种细致扎实的研究中，积累了大量翔实可靠的史料，其学术价值本身就是非常巨大、毋庸置疑的，学术也正是以这样的方式来积累和发展的。

《病毒》：一个出人意表的故事

江晓原：德国人卡琳·莫林的《病毒》一书，原著初版于2017年，中译本是根据增订版翻译的。

此书作者是一个倾诉欲相当强的人。她在自序中说，

第十日
决定未来的,是科学还是人文

有同事认为此书既有科学家的侦探故事,又有相关科学发展的通俗解说,还有哲学探讨,对这样的评价她当然笑纳了,但还有人认为,她只是"写了一本睡前读物,就如他5岁时喜欢听妈妈讲的那种"。这样的评价要是放到某些中国学者的书上,那学者非和你急不可,但是莫林对此未置可否——她暗暗高兴也说不定,因为这至少表明她的书在通俗方面已经做到家了。

作者在此书开头就特别强调,关于病毒,我们长期习惯的故事都将它视为使人致病的恶魔,"医学史上对病毒的记述一边倒,即把它描述成各种疾病的根源"。然而这样的认识是严重落后于科学前沿现状的——"当今,病毒学研究的重点更多地放在其有益功效上,而不再注重研究病毒如何使人患病。"

今天的病毒学研究为什么会变成这样?作者先给了一个理由:病毒长久以来一直在人类身体和周围环境中存在着,很可能"从宇宙洪荒之时就存在了。在整个生物进化过程中,病毒构成了我们人类,调控着基因的功能"。这个理由初听起来并不雄辩,甚至会让人感觉有点答非所问,但作者后面的叙述,还是能够让读者接受——至少我是接受了。

刘兵：我们在这个时机谈这本书，也算是一种机缘吧。与以往几十年相比，可以说在近3年，人们话语中"病毒"这个词出现的频率要高得多。这种情况，即因为灾难的发生而使得大众普遍接触和开始谈论某个科学概念，似乎是一种科学传播的特殊规律——当然这一规律的前提是很不幸的。类似的，像"核酸"也是一样，更早一些，伴随着奶粉事件而让"三聚氰胺"这个普通人在日常生活中应该很难接触到的化学品名称，也变得家喻户晓。

但那种科学概念的科普也有局限，因为那样的普及往往会带来以偏概全的误解。我们完全可以设想，当下在绝大多数人的心目中，病毒的形象是什么样子？恐怕也都是危害人类万恶不赦的可怕敌人。在这样的背景下，我想我们现在谈这本书，可能会是非常吸引眼球的。

我读这本书时的主要印象有两点：一是因作者的研究经历和专业背景，会提出一些很有冲击力的观点；二是此书的绝大部分篇幅都是在琐碎地谈论作者个人的研究经历和相关故事，虽然在最后，作者也提到了新型冠状病毒，但毕竟因为写作此书主体时，还处于病毒肆虐之前，考虑到后来的故事更多是此书初版面世之后的事，作者倒没有对新型冠状病毒谈出什么让人印象特别深刻的内容。那么，我们的对谈应该把重点放到什么地方呢？

江晓原：你的感觉是敏锐的，"此书的绝大部分篇幅都是在琐碎地谈论作者个人的研究经历和相关故事"，这是西方流行读物常见的手法，要不怎么会有人说这书是"睡前读物"，而且是老奶奶给5岁萌娃讲的那种呢？至于第13章"新型冠状病毒大流行"，考虑到此书初版于2017年，这一章显然是作者在增订版中加上去的。这种做法在中外出版活动中都很常见，一些与科学有关的书籍更喜欢以此来显示"与时俱进"。

我们对谈的重点，显然应该放在此书的主脉络上——作者向我们许诺的关于病毒的另一个故事。莫林为了吸引读者，在书中讲了许多个人故事和八卦，而你我作为"替人读书"的积年老手，当然有义务透过这些故事和八卦，将她叙述的主脉络揭示出来。

现在就让我们先回到莫林的主脉络上来。书里有一组数字让我印象深刻：

目前地球上的人类数量是 10^{10} 量级（不到100亿）；

宇宙中的恒星数量是 10^{25} 量级（天文学爱好者可能会有异议，但在这里无关紧要）；

我们已知的细菌数量是 10^{31} 量级；

我们已知的病毒数量是 10^{33} 量级。

这组数字的意义何在？首先是强调细菌和病毒的无处不在，"我们的身体和周围环境中存在大量的微生物"，包括细菌、真菌、病毒。"这些病毒和细菌遍布于我们的皮肤、口腔、生殖器、脚趾、指甲和产道，可以说人体每个地方都由特殊的细菌和病毒组成。"作者还引用2001年 Nature 杂志上讨论人类基因组的长篇论文，指出在人类遗传物质（基因组）中，病毒竟占据了一半的份额。

这些数据信息当然是为"关于病毒的另一个故事"服务的。在先前我们熟悉的病毒故事中，病毒就是让人生病的恶魔（在一些情况下这确实是事实）——我们用"病毒"来对译 Viruses，本身就是这个旧故事的直接反映。如果按照莫林的观点，显然应该挑选一个较为中性的词语。而在新的病毒故事中，病毒在很多时候并不伤害人类，反而为人类做了不少有益的事情。

刘兵：是的，这确实是作者的核心观点。作为一位专业的病毒研究者，莫林掌握的前沿科学知识显然与公众通过大众传媒所获得的一些认识有所不同，当她来做普及性科学传播时,便会试图纠正公众在有关问题上的认识误区。此书所讲的关于病毒的看法就是一例,这也是专业作者加盟科学普及传播的意义之一吧。

我们同时也应该理解,毕竟公众和科学家对问题的关注点有所不同。公众会更关注与他们的切身感受、切身利益直接相关的内容。就以病毒来说,他们当然会更关注会使自身患病的病毒,也更有兴趣了解有关的知识,而对于整体的"病毒"概念及其利害,自然不会有更大的兴趣。

> 但是,科学传播除了更有实用意义的内容,还有对知识体系和文化积累的价值,这就要求传播者不限于只传播实用的知识,而要关注更多的内容。也许,这也可以是由科学家撰写科普读物的意义吧。

如果以这种思路来看,我觉得在此书第一章中,更多表达了对病毒认识中更带有观念性的观点,涉及人们对于整个世界的理解。而且,其中病毒对于生命进化的意义,或许是最为突出的,而且在后续的章节中还延续穿插了有关讨论。与此类似,其实进化论等理论也没有什么特别的实用价值，但对于人们的世界观却影响深远，而对于病毒在整体意义上的理解，或许是可以有这方面的传播价值的。

江晓原：关于病毒对于生命进化的意义，作者可以说是"一篇之中三致意焉"。比如在"最初的生命是病毒"这一小节中，作者简单讨论了生命的最初形态，她认为："最初的核糖核酸在某种意义上说是一种裸露的病毒，更确切地说，是一种类病毒。"她还介绍，她发表过题为《病毒是我们最古老的祖先吗？》的文章，她甚至认为可以这样说，"哪里有生命，哪里就有病毒"。

作者强调最初的生命是病毒，自然会引向"病毒究竟是什么"的问题。"病毒"这个来源于拉丁语的词，原意是植物的汁液、黏土或毒药。如果要给出比较"科学"的定义，莫林认为"病毒是可移动的遗传元件"，是一个"可能有意义"的定义。

我感觉，在莫林眼中，病毒几乎可以说是一种智慧生物。例如她在讨论病毒与宿主的关系时，指出病毒当然可能导致宿主患病，但害死宿主显然不符合病毒自身的利益——宿主死后宿主身上的病毒也无法存活下去。所以，"病毒会做出新的调整，从寄生变为共生，共生往往是互惠互利的,这对病毒和宿主都有益处。如果病毒帮助宿主更好地生存,那同时也增加了病毒自身以及后代的存活概率。共同进化可以让病毒来势不那么猛烈,毒性不那么强"。

刘兵:在我的阅读感受中,觉得莫林是在说,我们其实是生活在巨大的病毒海洋当中的,不管是否愿意,都无法回避病毒。当然,按照前面的讨论,病毒学家也可以认为病毒对于生命进化意义非凡,而现实地讲,少数特殊的病毒也确实会给人类带来危害。不过值得注意的是,她在讲病毒的"社交行为"时,特意指出她拒绝使用"战争"这个词,而且"对病毒的行为做人性化的描述也是不当的,因为不能粗暴地定义为是好的或是坏的"。尽管如此,关于病毒和宿主的相互作用仍然是值得思考的。

以往,由于一些历史著作、新闻报道、影视作品乃至科普作品的传播,为病毒建构了一幅可怕的形象,人类与病毒间你死我活的战争意向也在社会公众的观念中普遍存在。而我们在谈论的这本由病毒专家所写的书,对于这种病毒的形象和人与病毒之间关系的意象给出了某种解构,这应该是有意义的"科普"。但我也倾向于相信，要彻底改变公众长期以来形成的关于病毒的观念并非易事，靠仅一两本这样的普及性著作显然是不够的。

江晓原：一两本书肯定是不够的。最近我恰好看到有人写文章谈论另一本关于传染病和人类历史的书，文章用了"那些不能杀死我们的，将使我们更强大"这样的标题。通常这种标题当然都是用在和病毒你死我活的"战争"叙事中的，然而作者在文章中说："那些不能杀死我们的，将使我们更强大，这句话也同样适用于病毒。"这真是一个发人深省的看法，而且对于莫林拒绝使用"战争"这个词的立场，也提供了一种旁证。

莫林在此书中不止一次指出这样一种观点：在地球这颗行星上，相比于病毒，我们人类是后来者，"微生物从亘古时代就存在于地球上，而我们（人类）才是外乡人。……人类在相当晚的时候才来到这个世界上，我们还需要学习怎样与它们互动"，这里她再次将病毒拟人化了。

刘兵：是的，在医学领域中，以战争的隐喻来看许多疾病的治疗，以"你死我活"的思维去理解细菌、病毒、癌细胞等与人体的关系，这样的倾向也可以理解为是更大范围的斗争哲学的一种体现，而不仅仅限于对病毒的认识。现在已经有不少医学科普在尝试纠正这样的观念，不过，要彻底改变，显然还是一个任重道远的任务。

最后，我们也许可以非常简要地总结一下这本书的特色和要点：它是一本由病毒专家所写的科普（或按你更喜欢的说法叫科学文化）读物，书中作者个人亲历的各种科研经历和与研究相关的趣事，既让读者感受到了一位科学家实际的科学生活，同时也普及了许多人们一般并不熟悉的科学知识，尤其是，作为此书的核心主题，它带给了我们一种全新的病毒观。